“一带一路”营商环境法治保障系列

赵旭东　总主编

李建伟　朱晓娟　吴高臣　副总主编

中国对外贸易法律制度

崔桂台　主编

中国民主法制出版社

图书在版编目（CIP）数据

中国对外贸易法律制度/崔桂台主编．—北京：
中国民主法制出版社，2020.1
（“一带一路”营商环境法治保障系列）
ISBN 978-7-5162-2148-8

Ⅰ.①中…　Ⅱ.①崔…　Ⅲ.①对外贸易法—研究—中
国　Ⅳ.①D922.295.4

中国版本图书馆 CIP 数据核字（2019）第 290162 号

图书出品人：刘海涛
出 版 统 筹：乔先彪
责 任 编 辑：逯卫光

书名/中国对外贸易法律制度
ZHONGGUODUIWAIMAOYIFALÜZHIDU
作者/崔桂台　主编

出版·发行/中国民主法制出版社
地址/北京市丰台区右安门外玉林里 7 号（100069）
电话/（010）63055259（总编室）　63057714（发行部）
传真/（010）63056975　63056983
http:// www.npcpub.com
E-mail: mzfz@npcpub.com
经销/新华书店
开本/16 开　787 毫米×960 毫米
印张/13.75　**字数/**200 千字
版本/2020 年 1 月第 1 版　2020 年 1 月第 1 次印刷
印刷/北京天宇万达印刷有限公司

书号/ISBN 978-7-5162-2148-8
定价/46.00 元

#《“一带一路”营商环境法治保障系列》
编 委 会

◉ 总序

习近平总书记在2013年提出建设“丝绸之路经济带”和“21世纪海上丝绸之路”的构想，五年多来，在各参与方的共同努力下，“一带一路”倡议从理念转化为行动，从愿景转变为现实，构建起了各自优势互补、彼此互联互通的国际合作平台。

党的十九大报告指出，要以“一带一路”建设为重点，坚持“引进来”和“走出去”并重，加强创新能力开放合作，形成陆海内外联动、东西双向互济的开放格局。同时，党的十九大通过修改的党章明确指出：遵循共商共建共享原则，推进“一带一路”建设。推进“一带一路”建设写入党章，必将为新时代共建“一带一路”，共建人类命运共同体进一步指明方向，注入强劲动力。

随着我国“一带一路”建设的深入推进，营造互信互通的法治营商环境，为投资贸易合作方提供全面周到的法律支持，切实维护中外当事人的合法权益便提上了日程。因此，为了增进“一带一路”建设沿线各国的彼此沟通，积极建立成员方统一认知和公正高效的司法保障体系，切实保障“一带一路”建设成果的不断扩大，我们推出了《“一带一路”营商环境法治保障系列》图书。

本系列图书构建了“一带一路”法治保障服务体系，主要介绍了投资贸易、产业合作、公正司法、纠纷解决、劳工保护等领域的法律制度，从而以保护中外当事人合法权益，维护公平竞争、诚实守信、和谐共赢的区域合作大环境。本系列图书体例科学，通俗易懂，旨在加强中国与“一带一路”沿线国家的“政策沟通”和“法治互信”，通过向国际社会展示我国法律制度的建设成就，以此提升我国法律的国际影响力。

《“一带一路”营商环境法治保障系列》图书作为“一带一路”建设的法治保障参考适用读物，旨在为沿线各国加强法律制度的交流互鉴，旨在全面落实我国“一带一路”建设的任务要求，全面构建“一带一路”建设中的法治保障体系，以便全球共享“一带一路”的建设成果。

赵旭东*
2019 年 8 月

---

* 赵旭东，中国法学会商法学研究会会长，中国政法大学教授。

目　录

第一章

概　述

第一节　中国对外贸易框架

【规则要点】

中国对外贸易可以从宏观层面和微观层面进行分析。从宏观层面讲，包括对外贸易法律制度、知识产权制度、区域性自由贸易区制度等；从微观层面讲，包括货物进出口管理制度、关税制度、外汇管理制度、经营管理制度等。

【理解与适用】

一、宏观管理制度

（一）对外贸易法律制度不断完善

中华人民共和国成立之后，特别是加入 WTO 以来，中国从具体国情出发，根据不同时期发展对外贸易的需要，制定了大量对外贸易的法律和法规，并且不断加以修改、补充和完善，迄今已经初步形成了与中国特色社会主义市场经济体制和国际贸易通行规则相适应的外贸法律制度。在这一阶段，为了与 WTO 的基本原则相一致，中国根据承诺，全面清理了对外贸易法律制度，中央政府的有关部门清理了 1150 余件与对外贸易活动相关的法律法规，地方政府清理了 200 余万件，并在全国范围内统一实施。通过这些法律清理和修改工作，将许多国际贸易领域通行的规则与惯例融入中国国内法中。从法律体系来看，中国已经建成了较为完备的与国际接轨的对外贸易法律体系，并先后颁布了《中华人民共和国对外贸易法》《中华人民共和国涉外民事关系法律适用法》等作为对外贸易的法律基础，在对外贸易具体实施环节方面也颁布了相关的法规规章等规范性文件，使对外贸易法律制度逐步成为有机统一的整体。

（二）知识产权制度保护作用日益显著

改革开放以来，中国政府紧跟全球知识产权发展的步伐，在全国范围内加快推进了建立现代知识产权制度的进程。在加入 WTO 之后，中国强化知识产权制度在科技与创新方面的促进作用，并以 WTO 规定为核心，陆续修订了与知识产权相关的法律规定，先后颁布并实施了《国家知识产权战略纲要》《深入实施国家知识产权战略行动计划（2014—2020年）》《国务院关于新形势下加快知识产权强国建设的若干意见》等多项与知识产权制度相关的法律法规，使中国知识产权制度不断完善。据统计，2016 年中国受理境内外专利申请 346.5 万件，授予专利权 175.4 万件，有效专利 628.5 万件，其中境内有效发明专利 110.3 万件，每万人口发明专利拥有量 8 件。来自“一带一路”沿线国家的企业在华专利申请的数量也呈现出逐步增长的趋势。现阶段随着中国经济发展进入新常态，作为鼓励创新的基本保障，知识产权制度对技术创新的保护作用日益凸显。

（三）区域性自由贸易区制度逐步建立

近年来，尽管中国在区域性自由贸易区的建设方面起步较晚，但是伴随着《中华人民共和国和瑞士联邦自由贸易协定》签署，中国自由贸易区全面进入了高速发展阶段。从区域多边合作角度看，中国正在参与的“区域全球伙伴关系”和 APEC 会议中力推的亚太自由贸易区已经成为亚太区域内一体化的重要实现路径和通道。这表明了中国继续坚持扩大开放，全面参与区域经济一体化的决心。与之相匹配的自由贸易区制度也正在逐步建立。以上海自由贸易区为例，自 2013 年成立以来，不断加强自由贸易区制度创新，建立与国际通行的贸易与投资规则相衔接的制度体系。在对外贸易监管方面，围绕“贸易便利化”这一核心进行监管制度创新，实施国际贸易的“单一窗口”制度建设，对进出口货物在监管时进行合理分类，缩短了通关时间，使企业物流成本大幅下降；在外资管理方面，对外资管理模式进行制度创新，实施“负面清单+准入前国民待遇”管理制度，以形成透明公开的投资环境；在行政管理方面，进一步创新政府行政管理制度，初步建立以政府、企业及相关机构为一体的多元化管理制度体系，明确了行政管理的主要任务及责任归属；在法律建设方面，出台了以《中国（上海）自由贸易试验区条例》等为代表的地方性法规，通过法律制度建设对自由贸易区的健康发展予以保障。

二、微观经营制度

（一）货物进出口管理制度

中国加入WTO以后，逐渐放宽了对外贸易商品的管制，2004年修订的对外贸易法规定，除了国家另有规定，货物与技术的自由进出口受到国家的许可。根据进出口货物涉及的管理风险的不同，中国将进出口货物分别纳入禁止进出口、限制进出口和自由进出口的范围，以便实施积极有效的管理。2001年出台的《中华人民共和国货物进出口管理条例》规定，国家实行的配额管理，主要针对有数量限制的进出口货物；实行的许可证管理，主要针对有其他限制的进出口货物。根据承诺，中国已经在2005年1月1日之前，全面取消了进出口许可证、进出口配额等非关税壁垒的限制，对贸易自由化的发展起到了有力的推动作用。与此同时，为了促进中国对外贸易关系的良性发展，中国依据WTO相关规则、修订后的对外贸易法以及《中华人民共和国进出口商品检验法》等法律法规，对进出口商品检验活动进行管理，主要包括以下几个方面：进出口商品检验管理体制，进出口商品检验业务运行制度。2014年4月30日提出全面推进海关和检验检疫“一次申报、一次查验、一次放行”合作机制，使贸易便利化水平得到有效提高。

（二）关税制度

中国在加入WTO之后，根据承诺履行关税减让职责，在WTO框架内，对关税税率进行了合理、科学的调整，逐步建立起一套较为完备的关税制度，适应了国内外经济发展的需要。

第一，逐渐完善关税政策体系。

第二，不断调整税则税目。按照国际惯例，中国于1992年开始实施《中华人民共和国海关进出口税则》和《中华人民共和国海关统计商品目录》，这些规则都是以世界海关组织的《商品名称及编码协调制度》为基础。根据《商品名称及编码协调制度》的修改变化情况，中国分别在1996年、2002年、2007年、2012年开展了修订翻译和进出口税则转换工作。同时，针对部分特有的贸易量较大或增长较快的产品、新技术产品以及实施进出口管理措施的商品，中国于2015年调整了进出口税则中部分税目。调整后，中国的税则税目总数由8277个增加到8285个。

第三，不断优化关税结构。近年来，中国在关税总水平逐渐下降的同时，对能源等产品的进口关税进行大幅下调，并降低了部分中间产品以及制成品的进口关税。目前，中国在进口化妆品、服装、箱包、鞋帽、手表等消费品方面的关税税率处于中等偏低的水平。经过十几年的不断调整和完善，目前中国关税结构不断优化，税率结构趋于合理，建立了两头小、中间大的税率分布格局。

第四，充分发挥关税调控作用。近年来，中国集中调整了进口关税，以暂定税率的形式为主。进口暂定税率的实施，在很大程度上促进了相关商品进口和上、下游产业发展，有效地满足了经济社会发展需要。

第五，采取灵活的征收方式。目前除从价税外，中国根据实际还对不同进口商品采取了征收滑准税、选择税、从量税，出口税方面对部分化肥及相关产品开始采用季节税等方式。针对不同商品特点采取不同的征税方式，既考虑了综合利益，又平衡了供需关系，收到了良好的调控效果。

第六，实施专项关税优惠政策。近年来，中国在关税及进口环节税收等方面制定了一系列的优惠政策，大力支持国内产业转型升级和企业自主创新，这些关税优惠政策的实施，对产业转型升级，提升国际竞争力有极大的推动作用。

（三）外汇管理制度

目前，中国外汇管理制度在经济高速发展的带动下不断改进和完善，形成了包括人民币汇率形成机制、外汇储备、外汇风险、外汇交易在内的四个方面的管理制度。

第一，改革人民币汇率形成机制。2015年8月11日，为增强人民币兑美元汇率中间价的市场化程度和基准性，中国人民银行发布了《中国人民银行关于完善人民币兑美元汇率中间报价的声明》，在声明中决定完善人民币兑美元汇率中间价报价，人民币兑美元汇率中间价会跟随上一交易日的外汇市场收盘汇率而定。

第二，调整外汇储备制度。外汇储备是由一国政府持有的，国际储备资产中的外汇，也就是一国政府所保有的债权，通常以外币表示，以此来达到平衡国际收支、稳定汇率、偿还对外债务的作用。目前，中国正逐渐形成较为完整的基础货币投放与货币政策调控制度，以适应外汇市场的市场化发展需要。

（四）经营管理制度

中国主要通过行政备案登记制来规范对外贸易经营者的行为。从事对外贸易经营前，对外贸易经营者必须按照国家的有关规定，依法定程序在商务部备案登记，取得对外贸易经营的资格，从事的对外贸易经营活动必须在国家允许的范围内。

【风险提示】

中国对外开放与时俱进，不断完善发展。作为外商投资者应当及时关注中国全国人大、国务院、相关部委发布的最新法律、法规和规章。

【法条指引】

中华人民共和国对外贸易法（节录）

第一条 为了扩大对外开放，发展对外贸易，维护对外贸易秩序，保护对外贸易经营者的合法权益，促进社会主义市场经济的健康发展，制定本法。

第二条 本法适用于对外贸易以及与对外贸易有关的知识产权保护。

本法所称对外贸易，是指货物进出口、技术进出口和国际服务贸易。

第三条 国务院对外贸易主管部门依照本法主管全国对外贸易工作。

第四条 国家实行统一的对外贸易制度，鼓励发展对外贸易，维护公平、自由的对外贸易秩序。

第二节 对外贸易法律体系

【规则要点】

对外贸易法律体系是指国家对货物进出口、技术进出口和国际服务贸易进行管理和控制的一系列法律、法规和其他具有法律效力的规范性文件的总称，它包括宪法、对外贸易法、行政法规、部门规章及规范性文件等。

【理解与适用】

对外贸易法调整的是一国对外贸易及投资法律关系。在当今世界，各国外贸对国民经济发展的作用越来越大，外贸法地位也日趋重要。随着世界经济全球化进程的加快，尤其是经济大国的经济发展，世界各国对国际贸易的依存度越来越高。

改革开放以来，在广泛开展对外贸易方针政策的指导下，在外贸体制与时俱进改革完善的深远影响下，对外贸易实现跨越式的发展，国民经济总量实现了快速增长。外贸特殊政策在局部地区不断试验完善发展。20多年前，中国第一个保税区在上海外高桥成立。当时，它的英文译名就叫“Free Trade Zone”（自由贸易园区），而不是“Bonded Area”（保税区）。时至今日，包括外高桥保税区在内，中国的海关特殊监管区已有约110个，对促进中国外贸发展起到了巨大作用。与外国和地区的自由贸易协议取得飞速发展。目前，中国在建自贸区数十个，中国还与东盟、新加坡、巴基斯坦、新西兰、智利、秘鲁、哥斯达黎加、冰岛和瑞士等国家和国家组织签订了自贸协定，中国内地与香港特区、澳门特区的《关于建立更紧密经贸关系的安排》（CEPA），以及大陆与台湾地区的《海峡两岸经济合作框架协议》（ECFA）。

与这一外贸形势相适应的是中国对外贸易法制建设完善发展。从法律渊源讲，包括宪法、法律、行政法规、部门规章以及相关的国际条约等。这些法律渊源以对外贸易法为核心，其他法律法规相配合，形成了较为完善的对外贸易法律制度体系。

一、法律

1994 年，为配合加入 WTO 谈判，中国制定了《中华人民共和国对外贸易法》，该法共分为总则、对外贸易经营者、货物进出口和技术进出口、国际服务贸易、对外贸易秩序、对外贸易促进、法律责任以及附则等八章。为了顺应加入 WTO 的要求，2004 年对对外贸易法进行了修订，这次修订具有浓厚的 WTO 色彩。2016 年对对外贸易法进行了修正。该法立法宗旨是扩大对外开放，发展对外贸易，维护对外贸易秩序，保护对外贸易经营者的合法权益，促进社会主义市场经济的健康发展，并确立以下基本原则：第一，国家实行统一的对外贸易制度原则；第二，货物与技术自由进出口原则；第三，发展国际服务贸易的原则；第四，保护与对外贸易有关的知识产权的原则；第五，维护对外贸易秩序的原则；第六，实行公平贸易的原则；第七，对外贸易促进原则。

中国与对外贸易有关的法律还有：《中华人民共和国海关法》《中华人民共和国进出口商品检验法》《中华人民共和国进出境动植物检疫法》《中华人民共和国固体废物污染环境防治法》《中华人民共和国国境卫生检疫法》《中华人民共和国野生动植物保护法》《中华人民共和国药品管理法》《中华人民共和国文物保护法》《中华人民共和国食品卫生法》等。

二、行政法规

2001 年 11 月 26 日，在中国成为 WTO 正式成员前夕，国务院颁布了《中华人民共和国反倾销条例》。该条例参照了反倾销协议的相关原则和精神。2004 年 3 月，在总结加入 WTO 两年经验的基础上，对反倾销条例部分条款进行了修订，修订后条例于 2004 年 6 月 1 日起实施。该条例明确了采取反倾销的基本条件：进口产品以倾销方式进入中华人民共和国市场，并对已经建立的国内产业造成实质损害或者产生实质损害威胁，或者对建立国内产业造成实质阻碍的，依照本条例的规定进行调查，采取反倾销措施。对反倾销申诉也作了具体明确规定。

2001 年 11 月 26 日，国务院颁布了《中华人民共和国反补贴条例》。2004 年 3 月 31 日国务院发布了《关于修改〈中华人民共和国反补贴条例〉的决定》。2004 年反补贴条例的最大特点在于将反补贴事项单列出来，从而摆脱了依附于反倾销措施的状况。反补贴条例明确规定，进口产品存在补贴，并对已经建立的国内产业造成实质损害或者产生实质损害威胁，或者对建立国内产业造成实质阻碍的，依照本条例的规定进行调查，采取反补贴措施。该条例明确规定了进口产品适用反补贴措施的条件和程序。

2001 年 11 月，国务院颁布了《中华人民共和国保障措施条例》。2002 年 2 月 10 日，原外经贸部又发布了《保障措施调查立案暂行规则》和《中华人民共和国对外贸易经济合作部保障措施调查听证会暂行规则》。保障措施条例的颁布是典型的履行世贸承诺而进行的立法，同时也是我国基于市场的逐步全面放开，主动采取保护措施的立法。2004 年 3 月底，对保障措施条例作了修改，修改后的保障措施条例于 2004 年 6 月 1 日起施行。2004 年保障措施条例的主要修改内容有：（1）将“外经贸部”“国家经贸委”修改为“商务部”并调整了相关职权分配；（2）完善了“进口产品数量增加”定义；（3）增设了“公共利益”条款；（4）突出我国作为发展中国家应享有的特殊和差别待遇，延长了保障措施的实施期限。同年 4 月，我国修改的对外贸易法在其第八章贸易救济措施第 44 条、第 45 条和第 46 条建立了保障措施条款。这 3 个条款不仅完善了原外贸法第 29 条的规定，还扩展了保障措施的适用范围，即可在服务贸易领域以及发生重大贸易转移时实施保障措施。这些条款与 2004 年保障措施条例以及有关部门规章一起，构成了我国实施保障措施的国内法法律框架。

2004 年保障措施条例的修改以及对外贸易法的全面完善，不仅充分改进了保障措施立法，而且为我国未来保障措施立法发展指明了方向。一是该法将保障措施统一至服务贸易领域；二是贸易转移适用保障措施；三是随着我国对外经贸的发展，逐步整合地区优势，积极发展区域贸易安排。尤其是中国内地与香港特区、澳门特区的《关于建立更紧密经贸关系的安排》（CEPA）第 9 条所订立的保障措施条款，将会成为我国保障措施的研究重点。

除了上述三部行政法规外，国务院还制定了货物进出口管理条例、技术进出口管理条例、进出口关税条例、知识产权海关保护条例、野生植物保护条例、外汇管理条例、核出口管制条例等行政法规。

三、部门规章

国务院各部门规章制度是由国务院各部委、各部门根据法律和行政法规、决定和命令，在其行政管辖范围内所发布的规范性文件。中国现行的与对外贸易有关的规章有：《货物进口许可证管理办法》《货物出口许可证管理办法》《货物自动进口许可管理办法》《纺织品出口自动许可暂行办法》等。

【风险提示】

中国对外贸易法律体系已经形成，今后还会不断完善发展。需要重视的是中国对外贸易管理部门的规范性文件及一些通知类文件，这些法律效力较低的规范性文件在对外贸易中发挥着重要作用。

【法条指引】

中华人民共和国对外贸易法（节录）

第一条 为了扩大对外开放，发展对外贸易，维护对外贸易秩序，保护对外贸易经营者的合法权益，促进社会主义市场经济的健康发展，制定本法。

中华人民共和国反补贴条例（节录）

第一条 为了维护对外贸易秩序和公平竞争，根据《中华人民共和国对外贸易法》的有关规定，制定本条例。

第二条 进口产品存在补贴，并对已经建立的国内产业造成实质损害或者产生实质损害威胁，或者对建立国内产业造成实质阻碍的，依照本条例的规定进行调查，采取反补贴措施。

中华人民共和国反倾销条例（节录）

第一条 为了维护对外贸易秩序和公平竞争，根据《中华人民共和国对外贸易法》的有关规定，制定本条例。

第二条 进口产品以倾销方式进入中华人民共和国市场，并对已经建立的国内产业造成实质损害或者产生实质损害威胁，或者对建立国内产业造成实质阻碍的，依照本条例的规定进行调查，采取反倾销措施。

中华人民共和国保障措施条例（节录）

第一条 为了促进对贸易健康发展，根据《中华人民共和国对外贸易法》的有关规定，制定本条例。

第二条 进口产品数量增加，并对生产同类产品或者直接竞争产品的国内产业造成严重损害或者严重损害威胁（以下除特别指明外，统称损害）的，依照本条例的规定进行调查，采取保障措施。

第三节 对外贸易的原则

【规则要点】

中国积极发展对外贸易，维护对外贸易秩序，保护对外贸易经营者的合法权益，并确立了贸易的原则和措施。如透明度原则、有条件的对外贸易经营自主原则、国营贸易原则、自由贸易原则、贸易壁垒调查、贸易救济措施等。

【理解与适用】

一、透明度原则

透明度原则早期是伴随着西方市场经济的发展进程而逐渐成熟起来的。透明度原则要求政府管理市场的法律、法规、规章、政策透明，以便公众能方便地获得政府管理和服务市场的信息。因此，透明度原则早期又称之为“阳光原则”或“知晓原则”。

透明度原则的主要内容包括：一是公布和告知原则。该原则要求成员方管理机构必须将正式实施的与贸易有关的法律、法规、条例以及政策予以公布；必须将与另一成员方政府或政府机构签订的影响国际贸易政策的现行条约及政府协定予以公布；在实施具体贸易过程中的法令、条例以及一般援用的司法判例及行政决定都应迅速公布。二是关于行政和司法过程中的透明度。要求各成员管理外贸过程及审理外贸案件的过程透明，并要求能对政府管理外贸过程中的决定进行独立的司法审查。

中国依据 WTO 透明度原则的要求作出的郑重承诺使中国的经济环境更具稳定性和可预见性。中国政府在原则问题上的承诺，关键的或者说具有突破性的一点就是政府在管理外贸工作中取消内部文件（亦称红头文件），即凡是执行的，必须是公开的法律法规、规章制度和政策。

二、有条件的对外贸易经营自主原则

世界各国都把对外贸易经营主体问题作为外贸制度的基础。中国在加入 WTO 时承诺 3 年内放开外贸经营权。即在加入 WTO 后 3 年内，从 2004 年 12 月 11 日起应对这类企业（包括自然人）放开外贸经营权。因此，中国 2004 年修订的对外贸易法规定，除在特定的贸易领域内从事国营贸易的专营权或特许权外，所有在中国依法注册登记的企业都可以享有外贸经营权。

三、国营贸易原则

国营贸易是各国外贸法中普遍存在的特殊概念。国营贸易具有重要的地位，在一国外贸法中发挥着重要的作用。国营贸易通常存在于关系国计民生和国家安全的关键贸易领域。实行这种制度的好处是可以确保国家在一些关键领域享有直接的控制权，从而可以维护国家经济安全、保障人民群众生活，因此其在一国贸易中的意义不可低估，国营贸易因而成为国际上的一种通行做法，世贸组织各成员在不同领域中都实行着不同程度的国营贸易。目前，世界范围内国营贸易制度主要集中在农产品方面，兼有若干重要的矿产品。有些欧洲国家也在烟草和食盐方面维持着国营贸易制度。由此可见，国营贸易在世界贸易中占有的规模和地位确实是十分巨大的。

中国要按照世贸组织有关规则有针对性地加强在一些重点贸易领域中的国营贸易制度，使其成为保护国民经济命脉的重要保障。国营贸易的最大优势在于政府可以对其实施较为直接的控制，进而控制一些关系国计民生产品的进出口，这些领域和产品对国民经济、社会稳定、人民生活都有着十分巨大的影响。因此，国家在某些领域继续维持国营贸易具有十分重大的现实意义，这是世贸规则允许的例外，中国要充分利用这个例外并将其体现在本国的外贸法中。

四、自由贸易原则

第一，建立自由贸易区。自由贸易区一般是指两个以上的国家或地区，通过签订自由贸易协定，在 WTO 最惠国待遇基础上，相互进一步开放市场，分阶段取消绝大部分货物的关税和非关税壁垒，在服务业领域改善市场准入条件，开放投资，促进商品、服务、资本、技术、人员等生产要素的自由流动，实现贸易和投资的自由化，实现优势互补，促进共同发展，从而形成涵盖所有成员的一种特殊的功能区域。

当前，世界各国都非常重视通过建立和发展自由贸易区来为自己国家的经济发展服务，全球范围内自由贸易区的数量不断增加，涵盖议题快速拓展，自由化水平显著提高。

在这样的背景下，中国在境内试点自由贸易试验区，实施真正的“境内关外”政策。2013 年 9 月至 2018 年 4 月，中国国务院先后批复成立中国（上海）自由贸易试验区、中国（广东）自由贸易试验区、中国（天津）自由贸易试验区、中国（福建）自由贸易试验区、中国（辽宁）自由贸易试验区、中国（浙江）自由贸易试验区、中国（河南）自由贸易试验区、中国（湖北）自由贸易试验区、中国（重庆）自由贸易试验区、中国（四川）自由贸易试验区、中国（陕西）自由贸易试验区、中国（海南）自由贸易试验区。2017 年 10 月 18 日，十九大报告中指出，赋予自由贸易试验区更大改革自主权，探索建设自由贸易港。2018 年 11 月 23 日，国务院印发《国务院关于支持自由贸易试验区深化改革创新若干措施的通知》。

第二，制定自由贸易协定。自由贸易协定具体调整哪些领域根据中国与有关国家和地区间经贸合作现状和合作意愿的具体情况而定。可以仅仅包括货物贸易领域，也可以包括服务贸易和知识产权贸易等（其中具体领域另酌）；也可以从单纯的贸易合作发展到包括环境保护、资源、通信、信息技术、技术转让、人力资源培训等广泛领域的经济和社会合作。

根据区内成员经贸合作现状和合作意愿的具体情况，决定区内贸易政策的基调。一般情况下是“优惠的差别待遇原则”（与第三方相比）。在这一基调下，为促进区域化合作的目的，不仅应对缔约各方合作的范围、原则和机构作出原则性规定，而且应在协定中就有关特定目标和具体权利义务作出明确规定。但是，在各方订立正式自由贸易协定条件不成熟时，也可能采取“非优惠的双边最惠国待遇原则”的基调。在后一种情况下，协定对缔约各方合作的范围、原则和机构作出原则性规定即可，无须设立任何特定的目标或具体义务。优惠待遇一般应为“互惠”性质，且应当是一种“对称的互惠”，即缔约各方实现贸易自由化的速度应当相同。但是，如果区内成员经济水平相差较大，可采取“不对称的互惠”。

目前，中国已经与东盟、新加坡、巴基斯坦、新西兰、智利、秘鲁、哥斯达黎加、冰岛和瑞士等国家和地区签订自贸协定，中国内地与香港特区、澳门特区的《关于建立更紧密经贸关系的安排》（CEPA），以及大陆与台湾地区的《海峡两岸经济合作框架协议》（ECFA）。还有些重要的自贸协定正在谈判，比如，《区域全面经济伙伴关系协定》（RCEP）谈判等。

五、贸易壁垒调查

所谓贸易壁垒是泛指一国采取、实施或者支持的对国际贸易造成不合理障碍的立法、政策、行政决定、做法等各种措施，其范围极广，以对贸易造成扭曲效果为判断标准。世贸组织的宗旨则是扩大自由贸易，消除各国间的各种贸易壁垒，其重点已经从关税壁垒转移到了各种各样的非关税贸易壁垒。为了遏制这些贸易壁垒，世贸组织达成了一系列的协议，例如，《技术性贸易壁垒协议》等。

在借鉴国外经验的基础上，中国商务部于 2005 年颁发了《对外贸易壁垒调查规则》，从而有了自己强有力的法律武器，但这一规则还只是部门规章，未来应该将其上升为法律。

六、贸易救济措施

（一）反倾销

在国际贸易中，倾销是指产品以低于正常价值的方式进口，并由此对国内已建立的相关产业造成实质性损害或者产生实质损害的威胁，或者对国内建立相关产业造成实质阻碍。在这种情况发生时，进口国可以采取必要措施来消除或者减轻这种损害或者损害的威胁，我们称之为反倾销措施。可以采取的反倾销救济措施是征收反倾销税或者出口商提供价格承诺。

由于反倾销简便实用、效果明显，因此也是三种贸易救济措施中使用频率最高的。

对外贸易法对对外贸易救济方面增设了相关条款，如“第三国倾销”条款。该法第 42 条规定：“其他国家或者地区的产品以低于正常价值出口至第三国市场，对我国已建立的国内产业造成实质损害或者产生实质损害威胁，或者对我国建立国内产业造成实质阻碍的，应国内产业的申请，国务院对外贸易主管部门可以与该第三国政府进行磋商，要求其采取适当的措施。”

“第三国倾销”条款实际包含了两层意思：其一是“第三国代表中国的反倾销行动”，这是该条款的明示之意；其二是“中国代表第三国的反倾销行动”，这是该条款的默示之意。其基本含义是指国务院对外贸易主管部门应其他世贸组织成员的申请，进行调查以确定，是否由于来自另一国的低于正常价值的进口使申请国的产业造成实质损害或实质损害威胁，并可采取措施消除这一情况。也就是说，中国可以代表第三国向对中国出口的另一国家采取适当的反倾销措施，简言之，为“中国代表第三国的反倾销行动”，这一点在国际上通常被称为“代表第三国的反倾销行动”。

（二）反补贴

补贴是指出口国（地区）政府或者其任何公共机构提供的，并为接受者带来利益的财政资助以及任何形式的收入或者价格支持，某些贸易活动中的补贴也是一种不公平贸易行为。当进口产品存在补贴，并对已经建立的国内产业造成实质损害或者产生实质损害威胁，或者对建立国内产业造成实质阻碍时，进口国可以采取的措施包括采取征收反补贴税、要求出口国政府停止补贴或要求出口商提供价格承诺。

为了顺应加入 WTO 的要求，2004 年对外贸易法新辟两章专门规范对外贸易的调查和救济事项，其中就包含了反补贴措施。

对外贸易法第 37 条规定，为维护对外贸易秩序，国务院对外贸易主管部门可以自行或会同国务院其他部门，依照法律、行政法规的规定，对

“为确定是否应当依法采取……反补贴……等对外贸易救济措施，需要调查的事项”进行调查。第 40 条规定，国家根据对外贸易调查结果，可以采取适当的对外贸易救济措施。

（三）保障措施

保障措施是进口国对某些产品在公平竞争情况下因进口数量猛增而采取的紧急限制措施。当进口产品数量大量增加，并对生产同类产品或者直接竞争产品的国内产业造成严重损害或者严重损害威胁时，进口国可以采取保障措施来缓解这种严重损害或威胁。具体措施有提高关税、采取配额制等。保障措施是关贸总协定最重要的条款之一，该条款就像一个“安全阀”，使得缔约方在特殊情况下可以背离总协定一般规则，即通过免除该缔约方所承诺的义务，达到保护其国内相关产业的目的。

为了保护本国产品免遭国外采取的救济措施打击，中国参照各国的成功经验加强了对重点行业、重点产品的产业损害预警机制建设，先后启动了汽车、钢铁、化肥等易受冲击行业的产业损害预警机制，以便于防患于未然。

2004 年对外贸易法的全面修订完善，不仅充分改进了保障措施立法，而且为中国未来保障措施立法发展指明了方向。一是该法将保障措施统一至服务贸易领域；二是贸易转移适用保障措施；三是中国对外经贸的发展，正逐步整合地区优势，积极发展区域贸易安排。

【法条指引】

中华人民共和国对外贸易法（节录）

第四条 国家实行统一的对外贸易制度，鼓励发展对外贸易，维护公平、自由的对外贸易秩序。

第九条 从事货物进出口或者技术进出口的对外贸易经营者，应当向国务院对外贸易主管部门或者其委托的机构办理备案登记；但是，法律、行政法规和国务院对外贸易主管部门规定不需要备案登记的除外。备案登记的具体办法由国务院对外贸易主管部门规定。

对外贸易经营者未按照规定办理备案登记的，海关不予办理进出口货物的报关验放手续。

第十一条 国家可以对部分货物的进出口实行国营贸易管理。实行国营贸易管理货物的进出口业务只能由经授权的企业经营；但是，国家允许部分数量的国营贸易管理货物的进出口业务由非授权企业经营的除外。

实行国营贸易管理的货物和经授权经营企业的目录，由国务院对外贸易主管部门会同国务院其他有关部门确定、调整并公布。

违反本条第一款规定，擅自进出口实行国营贸易管理的货物的，海关不予放行。

第二十五条 国务院对外贸易主管部门和国务院其他有关部门，依照本法和其他有关法律、行政法规的规定，对国际服务贸易进行管理。

第三十七条 为了维护对外贸易秩序，国务院对外贸易主管部门可以自行或者会同国务院其他有关部门，依照法律、行政法规的规定对下列事项进行调查：

（一）货物进出口、技术进出口、国际服务贸易对国内产业及其竞争力的影响；

（二）有关国家或者地区的贸易壁垒；

（三）为确定是否应当依法采取反倾销、反补贴或者保障措施等对外贸易救济措施，需要调查的事项；

（四）规避对外贸易救济措施的行为；

（五）对外贸易中有关国家安全利益的事项；

（六）为执行本法第七条、第二十九条第二款、第三十条、第三十一条、第三十二条第三款、第三十三条第三款的规定，需要调查的事项；

（七）其他影响对外贸易秩序，需要调查的事项。

第四十条 国家根据对外贸易调查结果，可以采取适当的对外贸易救济措施。

第二章

对外贸易经营主体

第一节　对外贸易经营者的资格

【规则要点】

对外贸易经营者，是指依法办理工商登记或者其他执业手续，依法从事对外贸易经营活动的法人、其他组织或者个人。申请对外贸易经营者需要具备一定条件，并履行一定的登记手续。同时，中国法律规定对某些货物实行国营贸易，经营国营贸易的必须具备相应条件。

【理解与适用】

在中国，从事对外贸易的主体是十分宽泛的。对外贸易法第8条规定："本法所称对外贸易经营者，是指依法办理工商登记或者其他执业手续，依照本法和其他有关法律、行政法规的规定从事对外贸易经营活动的法人、其他组织或者个人。"这一规定最突出的变化是对于中国承诺和WTO不相符的内容进行了修订：

一是将对外贸易经营者的范围扩大到依法从事对外贸易经营活动的法人、其他组织或者个人；

二是将从事外贸经营权由审批制改为备案登记制；

三是国家可以对部分货物的进出口实行国营贸易管理，且只能由授权的企业经营等。

一、对外贸易经营者的分类

根据对外贸易法第 8 条的规定，中国对外贸易经营者大体可以分为三类。

（一）法人

根据《中华人民共和国民法总则》规定，法人是具有民事权利能力和民事行为能力，依法独立享有民事权利和承担民事义务的组织。法人应当依法成立。法人应当有自己的名称、组织机构、住所、财产或者经费。法人成立的具体条件和程序，依照法律、行政法规的规定。设立法人，法律、行政法规规定须经有关机关批准的，依照其规定。

在中国，法人分为营利法人、非营利法人、特别法人。以取得利润并分配给股东等出资人为目的成立的法人，为营利法人。营利法人包括有限责任公司、股份有限公司和其他企业法人等。营利法人经依法登记成立。为公益目的或者其他非营利目的成立，不向出资人、设立人或者会员分配所取得利润的法人，为非营利法人。非营利法人包括事业单位、社会团体、基金会、社会服务机构等。机关法人、农村集体经济组织法人、城镇农村的合作经济组织法人、基层群众性自治组织法人，为特别法人。

从事对外贸易经营的主体主要是营利法人。

（二）其他组织

其他组织也可以成为对外贸易经营者。其他组织主要是从事经营性的非法人组织。非法人组织是不具有法人资格，但是能够依法以自己的名义从事民事活动的组织。非法人组织包括个人独资企业、合伙企业、不具有法人资格的专业服务机构等。非法人组织应当依照法律的规定登记。设立非法人组织，法律、行政法规规定须经有关机关批准的，依照其规定。

（三）个人（即自然人）

这里的自然人不仅包括中国公民，也包括外国人。自然人从事对外贸易经营必须具有相应的民事行为能力。根据民法总则规定，成年人为完全民事行为能力人，可以独立实施民事法律行为。16 周岁以上的未成年人，以自己的劳动收入为主要生活来源的，视为完全民事行为能力人。

从实践看，从事对外贸易经营的主体具体包括以下类型：一是依法办理工商登记或者其他执业手续的个人；二是专业外贸公司；三是工贸公司和工业企业；四是国际经济技术合作公司；五是从事外贸经营的商业、物资企业；六是科研院所；七是在中国设立的各类外商投资企业；八是从事出口加工、装配业务和补偿贸易的企业等。

对外贸易经营者不仅可以自己办理对外贸易业务，也可以接受他人的委托，在经营范围内代为办理对外贸易业务。对外贸易经营者应当按照国务院对外贸易主管部门或者国务院其他有关部门依法作出的规定，向有关部门提交与其对外贸易经营活动有关的文件及资料。有关部门应当为提供者保守商业秘密。

二、国营贸易

根据世界贸易组织《关税及贸易总协定》和其他有关规定，所谓国营贸易，是指在国际贸易中，根据国内法律或者在事实上享有专营权或特许经营权的政府企业和非政府企业，这些企业的购买和销售活动影响了国家进口水平和方向。

中国对部分货物的进出口实行国营贸易管理。实行国营贸易管理货物的进出口业务一般只能由经授权的企业经营；但是，国家也可允许部分数量的国营贸易管理货物的进出口业务由非授权企业经营。上述关于国营贸易规定有三个方面的含义：

第一，中国只对部分货物，而不是对全部货物实行国营贸易。并且这些“部分货物”必须是明确和公开的。实行国营贸易管理的货物和经授权经营企业的目录，由国务院对外贸易主管部门会同国务院其他有关部门确定、调整并公布。

第二，国营贸易一般由经授权的企业经营。违反规定擅自进出口实行国营贸易管理的货物的，海关不予放行。

第三，国家可以允许部分数量的国营贸易管理货物的业务由非授权企业经营。

【风险提示】

要成为对外贸易经营者，必须办理工商登记及其他相应的手续。中国可以对部分货物的进出口实行国营贸易管理，其他非经批准的企业不得从事这些货物的进出口。

【相关案例】

意大利飞奥公司等与武进市对外贸易公司等买卖合同纠纷案

1998年1月22日，意大利飞奥公司（以下简称“飞奥公司”）以电传方式通知武进市对外贸易公司（以下简称“武进外贸公司”）称，其已于当日向武进外贸公司发送一批货物，从意大利热那亚到中国汕头，日期为1998年1月22日，货物2箱。同年2月23日，圣保罗都灵银行向武进农行发出面函指示：委托人为飞奥公司，代收行为武进农行，付款人为武进外贸公司，到期日为见单后150天，金额为198315.76美元。

武进农行于1998年3月18日收到上述全部单据。翌日，武进对外经济技术贸易总公司（以下简称“技术公司”）使用武进外贸公司02号法人印章、以武进外贸公司名义向武进农行出具一份保函，武进农行遂于当日将上述单据交给了武进外贸公司。

1998年3月26日，圣保罗都灵银行又向武进农行发出书面指示，该指示的其余内容与1998年2月23日指示内容相同，并开具给武进外贸公司两张商业发票，总额分别为51853.54美元和28516.41美元。

1998年3月31日，上述单据抵达武进农行。同年4月10日，武进外贸公司向武进农行国际业务部申请延期，并要求将付款方式改为D/P 150 DAYS SIGHT。武进农行收到延期申请后，于4月14日以SWIFT方式致函圣保罗都灵银行，要求将付款期限改成见票后150天。圣保罗都灵银行于4月20日复函，同意付款期限改为见票后150天如约（承诺）付款交单，并要求通知单据交付时间和确认到期日期。

上述托收指示规定的付款期限届满后，武进外贸公司未将货款汇付武进农行，武进农行也未向圣保罗都灵银行汇款。

一审诉讼中，各方当事人对上述所列事实一致认可。原审法院经审理认为：本案中，飞奥公司与武进外贸公司之间的买卖合同关系成立。双方虽未签订书面合同，但依照《最高人民法院关于适用〈中华人民共和国合同法〉若干问题的解释（一）》的有关规定，应认定双方之间的买卖合同关系有效，武进外贸公司依法应向飞奥公司支付货款。技术公司作为该二单业务的具体运作企业，因不具备进出口经营权，而以武进外贸公司的名义操作，属借权经营，且飞奥公司对此也不知情，故技术公司与武进外贸公司依法应对飞奥公司货款的支付承担连带责任。代收行武进农行在整个托收结算中，属飞奥公司代理人的代理人，与飞奥公司不存在直接的合同关系，飞奥公司无权径直向武进农行提起诉讼。

二审审理后认为，本案涉及买卖和托收两个法律关系。买卖关系的当事人是飞奥公司和武进外贸公司，而托收关系的当事人则是飞奥公司和武进农行。由于武进外贸公司是实际的收货人，负有支付货款的直接责任，而武进农行作为代收行并不负有向委托人保证付款的第一性的付款责任，只是因为其在执行托收指示的过程中的过错行为造成委托人不能及时获得作为基础合同买方的武进外贸公司的货款，因此，在飞奥公司同时向买方和代收行主张权利的情况下，代收行只应在买方不能支付货款的情况下承担赔偿责任。据此，法院认为飞奥公司买卖关系的相对人应认定为武进外贸公司。但武进农行应在武进外贸公司承担连带责任后仍不能清偿债务的情况下，对飞奥公司的损失承担赔偿责任。

【法条指引】

中华人民共和国对外贸易法（节录）

第八条　本法所称对外贸易经营者，是指依法办理工商登记或者其他执业手续，依照本法和其他有关法律、行政法规的规定从事对外贸易经营活动的法人、其他组织或者个人。

第九条　从事货物进出口或者技术进出口的对外贸易经营者，应当向国务院对外贸易主管部门或者其委托的机构办理备案登记；但是，法律、行政法规和国务院对外贸易主管部门规定不需要备案登记的除外。备案登记的具体办法由国务院对外贸易主管部门规定。

对外贸易经营者未按照规定办理备案登记的，海关不予办理进出口货物的报关验放手续。

第十条　从事国际服务贸易，应当遵守本法和其他有关法律、行政法规的规定。

从事对外劳务合作的单位，应当具备相应的资质。具体办法由国务院规定。

第十一条 国家可以对部分货物的进出口实行国营贸易管理。实行国营贸易管理货物的进出口业务只能由经授权的企业经营；但是，国家允许部分数量的国营贸易管理货物的进出口业务由非授权企业经营的除外。

实行国营贸易管理的货物和经授权经营企业的目录，由国务院对外贸易主管部门会同国务院其他有关部门确定、调整并公布。

违反本条第一款规定，擅自进出口实行国营贸易管理的货物的，海关不予放行。

第二节 对外贸易经营者备案登记

【规则要点】

根据对外贸易法的规定，对外贸易经营者实行备案登记制度。因此，从事对外贸易的经营者应当根据有关规定依法进行备案登记。如果对外贸易经营者未按照规定办理备案登记的，海关不予办理进出口货物的报关验放手续。

【理解与适用】

从事货物进出口或者技术进出口的对外贸易经营者，应当向国务院对外贸易主管部门或者其委托的机构办理备案登记；但是，法律、行政法规和国务院对外贸易主管部门规定不需要备案登记的除外。备案登记的具体办法由国务院对外贸易主管部门规定。对外贸易经营者未按照规定办理备案登记的，海关不予办理进出口货物的报关验放手续。

2004 年 6 月 19 日商务部第九次部务会议讨论通过了《对外贸易经营者备案登记办法》（以下简称《登记办法》），并自 2004 年 7 月 1 日起施行。该办法由商务部负责解释。凡与《登记办法》不一致的规定，自《登记办法》发布之日起废止。

一、一般规定

该《登记办法》规定：为促进对外贸易发展，根据对外贸易法第 9

条的有关规定，制定本办法。从事货物进出口或者技术进出口的对外贸易经营者，应当向中华人民共和国商务部（以下简称“商务部”）或商务部委托的机构办理备案登记；但是，法律、行政法规和商务部规定不需要备案登记的除外。对外贸易经营者未按照本办法办理备案登记的，海关不予办理进出口的报关验放手续。

商务部是全国对外贸易经营者备案登记工作的主管部门。对外贸易经营者备案登记工作实行全国联网和属地化管理。商务部委托符合条件的地方对外贸易主管部门（以下简称“备案登记机关”）负责办理本地区对外贸易经营者备案登记手续；受委托的备案登记机关不得自行委托其他机构进行备案登记。

二、备案登记机关

备案登记机关必须具备办理备案登记所必需的固定的办公场所管理、录入、技术支持、维护的专职人员以及连接商务部对外贸易经营者备案登记网络系统（以下简称“备案登记网络”）的相关设备等条件。对于符合上述条件的备案登记机关，商务部可出具书面委托函，发放由商务部统一监制的备案登记印章，并对外公布。备案登记机关凭商务部的书面委托函和备案登记印章，通过商务部备案登记网络办理备案登记手续。对于情况发生变化、不符合上述条件的以及未按规定办理备案登记的备案登记机关，商务部可收回其委托。

三、对外贸易经营者备案登记的程序

对外贸易经营者在本地区备案登记机关办理备案登记。对外贸易经营者备案登记程序如下：

（一）领取对外贸易经营者备案登记表（以下简称“登记表”）

对外贸易经营者可以通过商务部政府网站（http：//www. mofcom. gov. cn）下载，或到所在地备案登记机关领取登记表。

（二）填写登记表

对外贸易经营者应按登记表要求认真填写所有事项的信息，并确保所填写内容是完整的、准确的和真实的；同时认真阅读登记表背面的条款，并由企业法定代表人或个体工商负责人签字、盖章。

（三）向备案登记机关提交如下备案登记材料

具体包括：(1) 按本条第2款要求填写的登记表；(2) 营业执照复印件；(3) 对外贸易经营者为外商投资企业的，还应提交外商投资企业批准证书复印件；(4) 依法办理工商登记的个体工商户（独资经营者），须提交合法公证机构出具的财产公证证明；依法办理工商登记的外国（地区）企业，须提交经合法公证机构出具的资金信用证明文件。

四、备案登记机关的职责与对外贸易经营者的义务

备案登记机关应自收到对外贸易经营者提交的上述材料之日起5日内办理备案登记手续，在登记表上加盖备案登记印章。备案登记机关在完成备案登记手续的同时，应当完整准确地记录和保存对外贸易经营者的备案登记信息和登记材料，依法建立备案登记档案。

对外贸易经营者应凭加盖备案登记印章的登记表在30日内到当地海关、检验检疫、外汇、税务等部门办理开展对外贸易业务所需的有关手续。逾期未办理的，登记表自动失效。登记表上的任何登记事项发生变更时，对外贸易经营者应比照本有关规定，在30日内办理登记表的变更手续，逾期未办理变更手续的，其登记表自动失效。备案登记机关收到对外贸易经营者提交的书面材料后，应当即时予以办理变更手续。

对外贸易经营者已在工商部门办理注销手续或被吊销营业执照的，自营业执照注销或被吊销之日起，登记表自动失效。根据对外贸易法的相关规定，商务部决定禁止有关对外贸易经营者在1年以上3年以下的期限内从事有关货物或者技术的进出口经营活动的，备案登记机关应当撤销其登记表；处罚期满后，对外贸易经营者可以依法重新办理备案登记。

备案登记机关应当在对外贸易经营者撤销备案登记后将有关情况及时通报海关、检验检疫、外汇、税务等部门。

对外贸易经营者不得伪造、变造、涂改、出租、转让和出卖登记表。备案登记机关在办理备案登记或变更备案登记时，不得变相收取费用。

办法实施前，已经依法取得货物和技术进出口经营资格、且仅在原核准经营范围内从事进出口经营活动的对外贸易经营者，不再需要办理备案

登记手续；对外贸易经营者如超出原核准经营范围从事进出口经营活动，仍须按照办法办理备案登记。

【风险提示】

中国对从事对外贸易经营者的主体资格要求很低，但是从事对外贸易经营者也应当依法进行备案登记，否则要承担相应的法律后果。

【法条指引】

中华人民共和国对外贸易法（节录）

第九条 从事货物进出口或者技术进出口的对外贸易经营者，应当向国务院对外贸易主管部门或者其委托的机构办理备案登记；但是，法律、行政法规和国务院对外贸易主管部门规定不需要备案登记的除外。备案登记的具体办法由国务院对外贸易主管部门规定。

对外贸易经营者未按照规定办理备案登记的，海关不予办理进出口货物的报关验放手续。

对外贸易经营者备案登记办法（节录）

第二条 从事货物进出口或者技术进出口的对外贸易经营者，应当向中华人民共和国商务部（以下简称商务部）或商务部委托的机构办理备案登记；但是，法律、行政法规和商务部规定不需要备案登记的除外。

对外贸易经营者未按照本办法办理备案登记的，海关不予办理进出口的报关验放手续。

第三条 商务部是全国对外贸易经营者备案登记工作的主管部门。

第十条 对外贸易经营者已在工商部门办理注销手续或被吊销营业执照的，自营业执照注销或被吊销之日起，《登记表》自动失效。

根据《外贸法》的相关规定，商务部决定禁止有关对外贸易经营者在一年以上三年以下的期限内从事有关货物或者技术的进出口经营活动的，备案登记机关应当撤销其《登记表》；处罚期满后，对外贸易经营者可依据本办法重新办理备案登记。

第三章

货物进出口制度

第一节　中国货物进口管理制度

【规则要点】

中国已经建立了比较完备的货物进口管理制度。按照进口货物的自由度，可以分为禁止进口货物、限制进口货物和自由进口货物。对限制进口货物，适应配额管理和许可证管理。国营贸易是世界各国的惯例，在中国对外贸易中仍然发挥着不可替代的作用。

【理解与适用】

一、货物进口管理的法律依据

为了规范货物进口管理，维护公平的货物进口秩序，促进进口贸易的健康发展，根据对外贸易法和 WTO 协定的有关规定，中国在加入 WTO 后陆续颁布了一系列调整进口贸易管理关系的法律、法规，形成了一整套进口商品管理制度。

其中，对外贸易法是货物进口管理的基本法律，另外，全国人大常委会还制定了进出口商品检验法、国境卫生检疫法。

根据对外贸易法、进出口商品检验法等法律规定，国务院制定了货物进出口管理条例、进出口商品检验法实施条例、技术进出口管理条例、濒危野生动植物进出口管理条例、进出口货物原产地条例、进出口关税条例行政法规。有关主管部门先后出台了《货物进口许可证管理办法》《机电产品进口管理办法》以及一系列分门别类的其他进出口许可等管理办法及其实施细则。

二、进口货物的分类管理

中国对进口货物进行分类管理。根据进口商品的自由度可分为禁止进口的货物、限制进口的货物和自由进口的货物。

（一）禁止进口的货物

禁止进口的货物，是指国务院主管部门会同国务院其他有关部门依法制定、调整并公布禁止进口货物目录，以及其他法律、行政法规规定禁止进口的商品，包括国家规定停止进口的商品等。

根据对外贸易法规定，国家基于下列原因，可以限制或者禁止有关货物、技术的进口或者出口：

1. 为维护国家安全、社会公共利益或者公共道德，需要禁止进口的；

2. 为保护人的健康或者安全，保护动物、植物的生命或者健康，保护环境，需要禁止进口的；

3. 为实施与黄金或者白银进口有关的措施，需要禁止进口的；

4. 依照法律、行政法规的规定，其他需要禁止进口的；

5. 根据我国缔结或者参加的国际条约、协定的规定，其他需要禁止进口的。

国务院对外贸易主管部门会同国务院其他有关部门，依法制定、调整并公布禁止进口的货物、技术目录。国务院对外贸易主管部门或者由其会同国务院其他有关部门，经国务院批准，可以在法定的范围内，临时决定禁止特定货物、技术的进口。

（二）限制进口的货物

限制进出口管理，是指为维护国家安全和社会公共利益，保护人民的生命健康，履行我国所缔结或者参加的国际条约和协定，国务院商务主管部门会同国务院有关部门，依照对外贸易法的规定，制定、调整并公布各类限制进出口货物、技术目录。

国家规定有数量限制的限制进口货物，实行配额管理或关税配额管理；其他限制进口货物，实行许可证管理，由商务部会同有关部委按照国务院规定的职责划分进行管理。

根据对外贸易法规定，国家基于下列原因，可以限制货物进口：

1. 为维护国家安全、社会公共利益或者公共道德，需要限制进口的；

2. 为保护人的健康或者安全，保护动物、植物的生命或者健康，保护环境，需要限制进口的；

3. 为实施与黄金或者白银进出口有关的措施，需要限制进口的；

4. 为建立或者加快建立国内特定产业，需要限制进口的；

5. 对任何形式的农业、牧业、渔业产品有必要限制进口的；

6. 为保障国家国际金融地位和国际收支平衡，需要限制进口的；

7. 依照法律、行政法规的规定，其他需要限制进口的；

8. 根据我国缔结或者参加的国际条约、协定的规定，其他需要限制进口的。

国务院对外贸易主管部门会同国务院其他有关部门，依法制定、调整并公布限制进口的货物、技术目录。国务院对外贸易主管部门或者由其会同国务院其他有关部门，经国务院批准，可以在法定的范围内，临时决定限制特定货物、技术的进口。

（三）自由进口的货物

进口属于自由进口的货物，不受限制。基于检测货物进口情况的需要，商务部会同有关部委可以按照国务院规定的职责划分，对部分属于自由进口的货物实行自动进口许可管理。

三、货物进口配额与许可证管理

（一）进口配额管理

进口配额管理，是指一国政府在一定时期内对某些商品的进口数量采取直接限制的一种方式，是世界各国管理对外贸易的一种非关税措施。

依据《中华人民共和国货物进出口管理条例》及相关法律、法规的规定，进口配额管理有以下主要内容：

1. 配额货物。国家规定有数额限制的限制进口货物，实行配额管理。

2. 配额总量。进口配额管理部门应当在每年 7 月 31 日前公布下一年度进口配额总量。

3. 配额申请。配额申请人应当在每年 8 月 1 日至 8 月 31 日向进口配额管理部门提出下一年度进口配额的申请。进口配额管理部门应当在每年 10 月 31 日前将下一年度的配额分配给配额申请人。进口配额管理部门可以根据需要对年度配额总量进行调整，并在实施前 21 天予以公布。

4. 配额分配。分配配额时应考虑下列因素：申请人的进口实绩；以往分配的配额是否得到充分使用；申请人的生产能力、经营规模、销售状况；新的进口申请者的申请情况；申请配额的数量情况等。

5. 配额使用。进口经营者凭进口配额管理部门发放的进口配额证明，到进口许可证发证机构申领进口许可证，向海关办理报关验放手续。配额持有者未使用完其持有的年度配额的，应当在当年 9 月 1 日（关税配额为 9 月 15 日）前将未使用的配额交还进口配额管理部门。未按期交还并且在当年年底前未使用完的，进口配额管理部门可以在下一年度对其扣减相应的配额。

（二）关税配额管理

关税配额管理，是指对进口商品的绝对数额没有限定，而在一定时期内对所规定配额以内的进口商品，给予关税的优惠待遇，对超过配额的进口商品则征收较高的关税或罚款的一种管理制度。

根据中国加入 WTO 议定书的规定，中国承诺部分农产品进口实行关税配额管理。货物进出口管理条例对关税配额的管理作了类似于一般进口配额管理的原则性规定。此外，原国家发展计划委员会于 2001 年 1 月 30 日发布了《农产品进口关税配额管理暂行办法》。现商务部与国家发展和改革委员会已对原办法进行了修改，并于 2003 年 9 月 27 日以 2003 年第 4 号令公布。现暂行办法共 8 章 40 条，主要内容包括：总则、申请、分配、期限、执行、调整、罚则、附则。同时，制定公布了《中华人民共和国农产品进口关税配额证》标准格式。

（三）进口许可证管理

进口许可证管理是国际上普遍采用的对进口商品进行管理的一种制度。凡属于进口许可证管理的货物，进口经营企业必须在进口前按规定向指定的发证机构申领进口许可证，海关凭进口许可证接受进口货物申报和验放。根据对外贸易法和货物进口管理条例，商务部于 2004 年 12 月 9 日发布了《货物进口许可证管理办法》，其主要内容如下：

1. 管理部门。商务部是全国进口许可证的归口管理部门，负责制定进口许可证管理办法及规章制度。商务部授权配额许可证事务局（简称“许可证局”）统一管理、指导全国各发证机构的进口许可证签发工作，许可证局对商务部负责。许可证局及商务部驻各地特派员办事处（简称“各特办”）和各省、自治区、直辖市、计划单列市以及商务部授权的其他省会城市商务厅（局）、外经贸委（厅、局）（简称“各地方发证机构”）为进口许可证发证机构，在许可证局的统一管理下，负责授权范围内的发证工作。

2. 提交材料。经营者申领进口许可证时，应当认真如实填写进口许可证申请表，并加盖印章。经营者应当根据进口货物情况，向发证机构提交进口许可证发证依据所规定的进口批准文件及相关材料。经营者应当提交经年检合格的企业法人登记营业执照及加盖对外贸易经营者备案登记专用章的对外贸易经营者备案登记表或者进出口企业资格证书。经营者为外商投资企业的，还应当提交外商投资企业批准证书。进口货物属国家实行国营贸易或者有其他资质管理要求的，应当提供商务部或者相关部门的有关文件。

3. 发证依据。进口许可证的发证依据，是指按进口货物的不同情况由进口配额主管部门签发的配额批准文件。例如，进口属于机电产品，发证机构凭商务部签发的机电产品进口配额证明签发进口配额许可证；进口属于配额管理天然橡胶，发证机构凭国家发改委、商务部的配额批准文件签发进口配额许可证；对外商投资企业作为投资和自用进口属于配额管理的机电产品和生产内销用进口属于配额管理的非机电产品，发证机构凭外经贸外资主管部门签发的外商投资企业进口配额证明签发进口许可证。

4. 进口许可证的有效期。进口许可证的有效期为 1 年，逾期自行失效。进口许可证为当年有效，特殊情况需要跨年度使用的，有效期最长不得超过次年 3 月 31 日。进口许可证可向原发证机关提出申请延期一次，延期最长不超过 3 个月。进口许可证如要更改，应在有效期内向原发证机构提出申请，重新换发许可证。进口许可证如丢失应向公安机关报案，登报声明作废。

5. 自动进口许可证。进口属于自动进口许可管理的货物，进口经营者应当在向海关申报前，向商务部授权的自动进口许可证发证机构提交自动进口许可证申请。海关凭加盖“自动进口许可证专用章”的自动进口许可证办理报关手续，银行凭自动进口许可证办理售汇和付汇手续。

四、货物进口国营贸易

根据国际惯例，中国对部分指定经营的进口商品实行国营贸易管理。这一制度的核心是，凡属于国家指定经营管理的进口货物，由商务部指定的企业（简称“指定经营企业”）从事进口经营业务，非指定经营企业不得从事该类货物的进口经营业务。未被指定经营的企业如需要进口属于指定经营的货物，应委托指定经营企业代理进口，并由指定经营企业申请进口许可证。

按照加入 WTO 的承诺，中国根据对外贸易法和货物进出口管理条例，于 2001 年 12 月 30 日公布了《货物进口指定经营管理办法》。该办法对指定经营管理货物目录、管理机构、申请程序、材料的提交、核定批准以及年度检验、处罚规定等进行了规范。近年的实践表明，中国改变了过去核定指定公司终身制的做法，而是根据企业的经营业绩和经营能力，通过动态调整，择优选择，使合法经营、业绩佳、能力强的企业能参加大宗商品的进口经营工作。2002 年，中国对粮食、棉花、植物油、食糖、原油、成品油、化肥和烟草等 8 种商品改为实行国营贸易管理的同时，允许非国营贸易企业开展一定数量的进口业务。钢材、羊毛、天然橡胶、腈纶和胶合板等 5 种商品在过渡期内实行指定经营管理。2004 年 12 月 8 日商务部发布公告指出，根据中国加入世界贸易组织议定书有关加入后 3 年内放开指定经营的规定，自 2004 年 12 月 11 日起，取消钢材、天然橡胶、羊毛、腈纶及胶合板的进口指定经营（木材进口指定经营已于 1999 年先行取消），此前发布的《货物进口指定经营管理办法》《进口指定经营管理货物目录》《进口指定经营企业名录》同时废止。

2002 年 7 月 18 日《原油、成品油、化肥国营贸易进口经营管理试行办法》则仍然有效。

【风险提示】

中国原则上支持自由贸易，但在一定情况下也会对货物进口进行限制；对某些商品实行国营贸易。这些作为外商应当尤其注意，不要违反中国的有关规则，否则要承担相应的法律后果。

【相关案例】

邓某某倒卖进口关税配额案

2012年，洋浦粮库获得10000吨大米进口关税配额，但洋浦粮库并没有足够资金进口大米，而是以与私人企业合作的形式使用大米配额，并安排洋浦粮库业务部负责管理大米进口关税配额。2012年7月，深圳市创业粮油有限公司准备从国外进口大米进行销售，需要大米进口关税配额减免海关关税，该公司业务经理陈某联系到时任洋浦粮库业务员的符某某，表示想要购买几千吨的大米配额，符某某同意合作。符某某将这一情况告诉被告人邓某某，二人商量以每吨人民币80元的价格将3500吨大米配额卖给深圳市创业粮油有限公司，并商量好收到钱后只按每吨人民币50元的大米配额费上交洋浦粮库，其余的大米配额费则由邓某某按每吨人民币10元分得3.5万元，符某某按每吨人民币20元分得7万元。之后，陈某从深圳市来到海口市与符某某、邓某某等人商谈合作事宜，双方口头商定按每吨人民币80元的价格成交3500吨大米配额，合计人民币28万元。陈某按照符某某的要求将28万元转到符某某的母亲许某某的农行账户（账号×××）。陈某离开后，符某某、邓某某和许某某一起到附近的农行ATM机，由符某某操作从许某某的账户上转账人民币3.5万元到邓某某指定的其姐姐邓月娥个人农行账户（账号×××）。之后，邓某某将3.5万元取出用于个人花销。剩下的24.5万元，符某某以其同学饶秀珍的名义将17.5万元存入洋浦粮库账户，余下的7万元归符某某个人使用。

法院认为，被告人邓某某伙同符某某倒卖大米进口配额，为他人谋取利益，其伙同符某某共同收取的10.5万元费用系利用职务之便，为他人谋取利益而得到的利益，故其行为应当认定为受贿行为。根据被告人邓某某犯罪的事实、性质、情节和对社会的危害程度及悔罪表现，依法对被告人邓某某适用缓刑。

【法条指引】

中华人民共和国对外贸易法（节录）

第十四条 国家准许货物与技术的自由进出口。但是，法律、行政法规另有规定的除外。

第十五条 国务院对外贸易主管部门基于监测进出口情况的需要，可以对部分自由进出口的货物实行进出口自动许可并公布其目录。

实行自动许可的进出口货物，收货人、发货人在办理海关报关手续前提出自动许可申请的，国务院对外贸易主管部门或者其委托的机构应当予以许可；未办理自动许可手续的，海关不予放行。

进出口属于自由进出口的技术，应当向国务院对外贸易主管部门或者其委托的机构办理合同备案登记。

第十七条 国家对与裂变、聚变物质或者衍生此类物质的物质有关的货物、技术进出口，以及与武器、弹药或者其他军用物资有关的进出口，可以采取任何必要的措施，维护国家安全。

在战时或者为维护国际和平与安全，国家在货物、技术进出口方面可以采取任何必要的措施。

第十八条 国务院对外贸易主管部门会同国务院其他有关部门，依照本法第十六条和第十七条的规定，制定、调整并公布限制或者禁止进出口的货物、技术目录。

国务院对外贸易主管部门或者由其会同国务院其他有关部门，经国务院批准，可以在本法第十六条和第十七条规定的范围内，临时决定限制或者禁止前款规定目录以外的特定货物、技术的进口或者出口。

第十九条 国家对限制进口或者出口的货物，实行配额、许可证等方式管理；对限制进口或者出口的技术，实行许可证管理。

实行配额、许可证管理的货物、技术，应当按照国务院规定经国务院对外贸易主管部门或者经其会同国务院其他有关部门许可，方可进口或者出口。

国家对部分进口货物可以实行关税配额管理。

第二十条 进出口货物配额、关税配额，由国务院对外贸易主管部门或者国务院其他有关部门在各自的职责范围内，按照公开、公平、公正和效益的原则进行分配。具体办法由国务院规定。

中华人民共和国货物进出口管理条例（节录）

第四条 国家准许货物的自由进出口，依法维护公平、有序的货物进出口贸易。

除法律、行政法规明确禁止或者限制进出口的外，任何单位和个人均不得对货物进出口设置、维持禁止或者限制措施。

第六条 任何国家或者地区在货物进出口贸易方面对中华人民共和国采取歧视性的禁止、限制或者其他类似措施的，中华人民共和国可以根据实际情况对该国家或者地区采取相应的措施。

第八条 有对外贸易法第十七条规定情形之一的货物，禁止进口。其他法律、行政法规规定禁止进口的，依照其规定。

禁止进口的货物目录由国务院外经贸主管部门会同国务院有关部门制定、调整并公布。

第十条 有对外贸易法第十六条第（一）、（四）、（五）、（六）、（七）项规定情形之一的货物，限制进口。其他法律、行政法规规定限制进口的，依照其规定。

限制进口的货物目录由国务院外经贸主管部门会同国务院有关部门制定、调整并公布。

限制进口的货物目录，应当至少在实施前21天公布；在紧急情况下，应当不迟于实施之日公布。

第二十一条 进口属于自由进口的货物，不受限制。

第二节　中国货物出口管理制度

【规则要点】

中国准许货物的自由进出口，依法维护公平、有序的货物进出口贸易。除法律、行政法规明确禁止或者限制进出口的外，任何单位和个人均不得对货物进出口设置、维持禁止或者限制措施。

中国法律、行政法规明确禁止出口的，不得出口；中国法律、行政法规限制出口，主要通过出口许可证和出口配额进行管理。

【理解与适用】

一、出口许可证管理制度

出口许可证管理是中国出口管理的重要手段，其主要目的和宗旨是为了合理配置资源，规范出口经营秩序，营造公平的贸易环境以及履行中国所缔结或加入的国际条约义务和维护国家经济利益的安全。

国家规定有数量限制的限制出口货物，实行配额管理；其他限制出口货物，实行许可证管理。国家对限制出口的货物实行出口许可证管理。商务部是全国出口许可证的归口管理部门，负责制定出口许可证管理办法及规章制度，监督、检查出口许可证管理办法的执行情况，处罚违规行为。商务部会同海关总署制定、调整和发布年度《出口许可证管理货物目录》。商务部负责制定、调整和发布年度《出口许可证管理货物分级发证目录》。

（一）申领出口许可证应当提交的文件

经营者申领出口许可证时，应当向发证机构提交有关出口货物配额或者其他有关批准文件。并应当认真如实填写出口许可证申请表（正本）1份，并加盖印章。实行网上申领的，应当认真如实地在线填写电子申请表并传送给相应的发证机构。

经营者申领出口许可证时，应当向发证机构提交加盖对外贸易经营者备案登记专用章的《对外贸易经营者备案登记表》。

（二）出口许可证发证依据

各发证机构按照商务部制定的《出口许可证管理货物目录》和《出口许可证管理分级发证目录》范围，依照下列规定签发出口许可证：

1. 实行配额许可证管理的出口货物，凭商务部或者各省、自治区、直辖市、计划单列市以及商务部授权的其他省会城市商务厅（局）、外经贸委（厅、局）（以下简称“各地商务主管部门”）下达配额的文件和经营者的出口合同（正本复印件）签发出口许可证。

2. 实行配额招标的出口货物，凭商务部发布的中标经营者名单、中标数量、《申领配额招标货物出口许可证证明书》以及中标经营者的出口合同（正本复印件）签发出口许可证。

3. 易制毒化学品的出口，凭《商务部易制毒化学品出口批复单》和经营者的出口合同（正本复印件）签发出口许可证。

4. 计算机的出口，凭商务部批准的《出口计算机技术审查表》和经营者的出口合同（正本复印件）签发出口许可证。

5. 监控化学品的出口，凭国家履行禁止化学武器公约工作领导小组办公室批准文件和经营者的出口合同（正本复印件）签发出口许可证。

6. 消耗臭氧层物质的出口，凭国家消耗臭氧层物质进出口管理办公室下发的批准文件和经营者的出口合同（正本复印件）签发出口许可证。

7. 其他实行出口许可证管理的出口货物，凭商务部批准文件及经营者的出口合同（正本复印件）签发出口许可证。

加工贸易项下属于出口许可证管理的货物，发证机构按照商务部制定的《出口许可证管理货物目录》和《出口许可证管理分级发证目录》，凭商务部授权的加工贸易审批机关签发的加工贸易业务批准证及有关规定的出口批准文件（属于出口配额管理但不使用配额数量的商品凭商务部批件）、海关加工贸易进口报关单和经营者的出口合同（正本复印件）签发出口许可证。

偿还国外贷款或者补偿贸易项下属于出口许可证管理的货物，发证机构按商务部制定的《出口许可证管理货物目录》和《出口许可证管理分级发证目录》，凭商务部下达的偿还国外贷款或者补偿贸易的出口配额签发出口许可证。未办理备案登记的法人、其他组织或者个人从事偿还国外贷款或者补偿贸易业务时，应当委托经营者代理出口，并由该经营者办理出口许可证。

（三）外商投资企业需要出口许可证的办理程序

外商投资企业出口属于出口许可证管理的货物，应当按以下规定办理：

1. 外商投资企业出口属于出口配额管理的货物，发证机构凭商务部下达的外商投资企业出口配额数量签发许可证；出口配额招标管理的货物，应当附带商务部发布的中标经营者名单、中标数量、《申领配额招标货物出口许可证证明书》以及中标经营者的出口合同（正本复印件）签发出口许可证。

2. 易制毒化学品的出口，凭《商务部易制毒化学品出口批复单》和经营者的出口合同（正本复印件）签发出口许可证。

3. 计算机的出口，凭商务部批准的《出口计算机技术审查表》和经营者的出口合同（正本复印件）签发出口许可证。

4. 监控化学品的出口，凭国家履行禁止化学武器公约工作领导小组办公室批准文件和经营者的出口合同（正本复印件）签发出口许可证。

5. 消耗臭氧层物质的出口，凭国家消耗臭氧层物质进出口管理办公室下发的批准文件和经营者的出口合同（正本复印件）签发出口许可证。

6. 其他实行出口许可证管理的出口货物，凭商务部批准文件及经营者的出口合同（正本复印件）签发出口许可证。

7. 加工贸易项下属于出口许可证管理的货物，发证机构按照商务部制定的《出口许可证管理货物目录》和《出口许可证管理分级发证目录》，凭商务部授权的加工贸易审批机关签发的加工贸易业务批准证及有关规定的出口批准文件（属于出口配额管理但不使用配额数量的商品凭商务部批件）、海关加工贸易进口报关单和经营者的出口合同（正本复印件）签发出口许可证。

（四）出口许可证的签发

经营者出口《出口许可证管理货物目录》中的货物，应当到《出口许可证管理分级发证目录》指定的发证机构申领出口许可证。

发证机构应当严格按照年度《出口许可证管理货物目录》和《出口许可证管理分级发证目录》的要求，自收到符合规定的申请之日起 3 个工作日内签发相关出口货物的出口许可证，不得违反规定发证。

1. 许可证局发证范围：

（1）按照商务部规定的《出口许可证管理分级发证目录》，签发《出口许可证管理分级发证目录》授权范围内的出口许可证。

（2）在京的中央管理企业的出口许可证。

2. 各特办发证范围：

（1）按照商务部规定的《出口许可证管理分级发证目录》，签发联系地区内经营者、联系地区内中央管理企业及配额由地方管理的在京中央管理企业子公司的出口许可证；

（2）按商务部规定的《出口许可证管理分级发证目录》，签发联系地区内经营者配额招标货物出口许可证；

（3）签发商务部规定的其他货物的出口许可证。

3. 各地方发证机构发证范围：

（1）按商务部规定的《出口许可证管理分级发证目录》签发本地经营者出口许可证；

（2）签发商务部规定的其他货物的出口许可证。

4. 指定发证机构发证的货物：

凡属于《出口许可证管理分级发证目录》中指定发证机构发证的货物，经营者一律到指定的发证机构办理出口许可证。

各发证机构不得无配额、超配额、越权或者超发证范围签发出口许可证。发证机构的工作人员在履行职责过程中，不得玩忽职守、徇私舞弊或者滥用职权，不得利用职务上的便利索取他人财物，或者非法收受他人财物为他人谋取利益。

出口许可证管理实行“一证一关”制、“一批一证”制和“非一批一证”制。“一证一关”指出口许可证只能在一个海关报关；“一批一证”指出口许可证在有效期内一次报关使用。下列情况实行“非一批一证”制，签发出口许可证时应在备注栏内注明“非一批一证”：

（1）外商投资企业出口许可证管理的货物；

（2）补偿贸易项下出口许可证管理的货物；

（3）其他在《出口许可证管理货物目录》中规定实行“非一批一证”的出口许可证管理货物。

“非一批一证”指出口许可证在有效期内可以多次报关使用，但最多不超过12次，由海关在“海关验放签注栏”内逐批签注出运数。

（五）出口许可证的有效期

出口配额的有效期为当年12月31日前（含12月31日），另有规定者除外，经营者应当在配额有效期内向发证机构申领出口许可证。

各发证机构可自当年12月10日起，根据商务部或者各地方商务主管部门下发的下一年度出口配额签发下一年度的出口许可证，有效期自下一年度1月1日起。出口许可证的有效期最长不得超过6个月，且有效期截止时间不得超过当年12月31日。

以加工贸易方式出口属于配额许可证管理的货物，其出口许可证有效期按加工贸易业务批准证核定的出口期限核发，但不得超过当年12月31日。如加工贸易业务批准证核定的出口期限超过当年12月31日，经营者应在原出口许可证有效期内向发证机构提出换发新一年出口许可证。发证机构收回原证，在发证系统中对原证进行核销，扣除已使用的数量后，按加工贸易业务批准证核定的出口期限重新签发新一年度出口许可证，并在备注栏中注明原证证号。

出口许可证应当在有效期内使用，逾期自行失效，海关不予放行。

出口许可证因故在有效期内未使用，经营者应当在出口许可证有效期内向原发证机构提出延期申请，发证机构收回原证，在发证计算机管理系统中注销原证后，重新签发出口许可证，并在备注栏中注明延期使用和原证证号。

使用当年出口配额领取的出口许可证办理延期，其延期最长不得超过当年12月31日。未在出口许可证有效期内提出延期申请，出口许可证逾期自行失效，发证机构不再办理延证手续，该出口许可证货物数量视为配额持有者自动放弃。

二、出口配额管理制度

为了强化对出口商品的宏观管理，中国自改革开放以来对某些商品的出口实行配额许可证管理制度。这里的配额许可证管理即指对实行出口配额的商品同时实行许可证管理，双管齐下，双重保险以防止和避免超配额出口。海关对实行配额限制的出口商品，一律须同时凭出口许可证放行。实施配额许可证管理的商品主要是：关系国计民生的大宗资源性出口商品；在中国出口中占有重要地位的大宗传统出口商品；中国在国际市场或某一市场占主导地位的重要商品；外国（或地区）对中国有配额限制或要求中国主动限制出口数量的商品；出口金额大而且易于引起经营秩序混乱的商品及某些重要的民、优、特出口商品。

中国的出口配额主要包括计划配额、主动配额和被动配额三种，并依据不同的配额形式分别实行不同的管理办法。所谓“计划配额”，主要是指对关系国计民生的大宗资源出口商品以及对在中国出口中占有重要地位的传统出口商品，国家对这些商品实行必要的计划配额管理，如大米、大豆、茶叶、煤炭、钨、锑等。“主动配额”即指对中国在国际市场或某一市场占有主导地位的重要商品，以及国外要求中国主动限制出口的商品，对这些商品国家实行主动配额管理，包括红小豆、高粱、栗子、大蒜等。“被动配额”主要是指外国政府对中国出口有配额限制的商品，对这些商品中国必须实行被动配额管理，属于被动配额管理的商品共计 24 种，包括化学纤维、棉纱、棉布、服装、呢绒、地毯、蘑菇罐头、黑白和彩色电视机等。加入 WTO 后，中国适时颁布了《出口商品配额管理办法》，对出口配额管理制度作出了新规定，摒弃了一些带有浓厚计划经济体制色彩的概念和制度（如“计划配额”），逐步完善了中国出口商品配额管理。

在中国加入 WTO 后，为规范出口商品配额管理，保证出口商品配额管理工作符合效益、公正、公开和透明的原则，维护配额管理商品的正常出口，原对外贸易经济合作部于 2001 年 12 月 20 日发布《出口商品配额管理办法》，该办法自 2002 年 1 月 1 日开始施行。

（一）适用范围

《出口商品配额管理办法》适用于各种贸易方式下配额管理商品的出口，但下列出口商品除外：

1. 实行配额招标或有偿使用管理的出口商品；

2. 根据多边、双边协议的规定，实行被动配额管理的出口商品；

3. 《出口商品配额管理办法》附件中所列商品（附件规定不适用本办

法的出口配额管理商品，如农产品：大米、玉米、小麦、棉花、食糖；工业品：原油、成品油、煤炭、焦炭、稀土）。

（二）商品目录

实行配额管理的出口商品目录由商务部制定、调整并应当至少在实施前21天公布。在紧急情况下，应当在不迟于实施之日公布。

（三）配额总量

出口配额总量由商务部确定，确定时应考虑以下因素：

1. 保障国家经济安全的需要；

2. 保护国内有限资源的需要；

3. 国家对有关产业的发展规划、目标和政策；

4. 国际、国内市场的需求及产销状况。

商务部应当于每年10月31日前公布下一年度出口配额总量。

（四）配额申请

依法享有进出口经营资格，并且近3年内在经济活动中无违法、违规行为的企业可以申请出口商品配额；地方管理企业向地方外经贸主管部门提出配额申请并经其审核汇总后上报商务部申请出口商品配额；中央管理企业直接向商务部申请出口商品配额。商务部于每年11月1日至15日受理各地方外经贸主管部门和中央管理企业提出的下一年度出口商品配额的申请。

（五）配额的分配、调整和管理

商务部于每年12月15日前将下一年度的出口配额分配给各地方经贸主管部门和中央管理企业。各地方外经贸主管部门在商务部分配给本地区的配额数量内，按照国家关于货物出口经营管理的有关规定，及时将配额分配给本地区提出申请的出口企业。当国际市场存在不稳定因素时，商务部可将下一年度出口配额分两次分配。第一次分配应当于当年12月15日前将下一年度不少于总量70%的配额下达分配。剩余部分将不晚于当年6月30日下达。各主管部门进行配额分配时，应当充分考虑申请企业或地区最近3年内该商品的出口业绩、配额使用率、经营能力、生产规模、资源状况等。如国际市场发生重大变化、国内资源状况发生重大变化以及各地区或中央管理企业配额使用进度明显不均衡等情况时，商务部可以对已分配给各地方外经贸主管部门或中央管理企业的配额进行增加或减少的调整。各出口配额使用单位应提高配额使用率。地方企业应当及时将其无法使用的年度配额交还地方外经贸主管部门，地方外经贸主管部门可将其在本地区内重新分配或于当年10月31日前上交商务部。中央管理企业应于当年10月31日前将无法使用的年度配额直接交还商务部。

【风险提示】

中国的进出口货物管理，一是要注意主管部门的变化。二是要注意主管部门进出口货物的政策调整。三是要关注自贸协议、自由贸易试验区的特殊规定。

【相关案例】

天津裕友公司诉天津经开区管委会不履行法定职责及行政赔偿纠纷案

原告天津裕友公司是1990年5月7日经被告天津经济技术开发区管理委员会批准建立并取得工商营业执照的独资企业。公司主要生产经营各类木制家具、室内外装饰拼板，设计初期年产各类拼板1.9万立方米，产品全部外销。

1991年7月，原告生产的4个集装箱桐木拼板出口时，曾被天津海关以“无证闯关”为由查扣。1995年2月20日，天津经济技术开发区海关根据通知，将原告欲出口日本的4个集装箱桐木拼板扣留，同年2月21日，原告副总经理秦某某向被告经贸处处长艾某某汇报产品出口情况，并口头提出直接向国家经贸部申领出口许可证要求。艾某某表示，直接申领出口许可证涉及许多问题，申领困难，建议通过外贸代理临时解决产品出口问题。

鉴于原告坚持要向国家经贸部申领出口许可证，被告经贸处处长艾某某于1995年2月下旬、3月5日、3月15日分别向天津市外经贸委、国家经贸部反映了原告申领出口许可证要求。国家经贸部有关负责人答复：“桐木拼板属严格的出口许可证管理，国家对日本实行主动配额管制，天津裕友公司不是国家经贸部批准的有配额商品经营权的企业，建议通过外贸代理或调剂解决。”1995年5月8日，被告经贸处处长艾某某到原告处将前一阶段向有关方面汇报情况以及有关方面的态度、建议向原告副总经理秦某某做了通报，秦某某表示不能接受。1995 年 7 月 24 日，原告在给被告《关于我公司问题彻底解决的申明》中提出“终止公司经营；由政府收购公司；赔偿损失；承担原告对外债权债务；担当原告对外合同的最终结果”5 项要求。1995 年 8 月 4 日，被告副主任阎某某约见原告副总经理秦某某商讨解决办法，秦某某表示除政府收购外，不接受其他解决办法，并在 1995 年 8 月 8 日给阎某某的信函中表示：“任何经营之延续、转轨、调整或其他类似之行为，本公司均无能为力。”

庭审中，原被告双方对被告在出口许可证管理方面的职权范围，即受理申请，初审并转报申请没有异议。原告诉称的 1995 年 3 月 7 日曾向被告提交申领“出口许可证”书面申请一节，经秦某某、艾某某出庭举证，以及罗某某提供的书证，均不能证实。

审理还查明：被告于 1995 年 10 月为解决原告库存产品出口，到国家经贸部为其争取到一次性解决库存产品出口方案，原告未能接受。

法院认为：原告生产的桐木拼板属国家配额管理商品，由于原告不是国家经贸部批准享有配额商品经营权的企业，所以不具备申领配额商品出口许可证的条件。1995 年 5 月 8 日被告已将国家经贸部的态度、建议转告了原告，其行为合法，履行了告知义务。原告在本案中的诉讼请求及其理由不能成立，法院不予支持，据此判决驳回原告诉讼请求。

【法条指引】

中华人民共和国货物进出口管理条例（节录）

第三十三条 有对外贸易法第十七条规定情形之一的货物，禁止出口。其他法律、行政法规规定禁止出口的，依照其规定。

禁止出口的货物目录由国务院外经贸主管部门会同国务院有关部门制定、调整并公布。

第三十四条 属于禁止出口的货物，不得出口。

第三十五条 有对外贸易法第十六条第（一）、（二）、（三）、（七）项规定情形之一的货物，限制出口。其他法律、行政法规规定限制出口的，依照其规定。

限制出口的货物目录由国务院外经贸主管部门会同国务院有关部门制定、调整并公布。

限制出口的货物目录，应当至少在实施前 21 天公布；在紧急情况下，应当不迟于实施之日公布。

第三十六条 国家规定有数量限制的限制出口货物，实行配额管理；其他限制出口货物，实行许可证管理。

第三十七条 实行配额管理的限制出口货物，由国务院外经贸主管部门和国务院有关经济管理部门（以下统称出口配额管理部门）按照国务院规定的职责划分进行管理。

第三十八条 对实行配额管理的限制出口货物，出口配额管理部门应当在每年 10 月 31 日前公布下一年度出口配额总量。

配额申请人应当在每年 11 月 1 日至 11 月 15 日向出口配额管理部门提出下一年度出口配额的申请。

出口配额管理部门应当在每年 12 月 15 日前将下一年度的配额分配给配额申请人。

第三十九条 配额可以通过直接分配的方式分配，也可以通过招标等方式分配。

第四十条 出口配额管理部门应当自收到申请之日起 30 天内并不晚于当年 12 月 15 日作出是否发放配额的决定。

第四十一条 出口经营者凭出口配额管理部门发放的配额证明，向海关办理报关验放手续。

国务院有关经济管理部门应当及时将年度配额总量、分配方案和配额证明实际发放的情况向国务院外经贸主管部门备案。

第四十二条 配额持有者未使用完其持有的年度配额的，应当在当年 10 月 31 日前将未使用的配额交还出口配额管理部门；未按期交还并且在当年年底前未使用完的，出口配额管理部门可以在下一年度对其扣减相应的配额。

第四十三条 实行许可证管理的限制出口货物，出口经营者应当向国务院外经贸主管部门或者国务院有关部门（以下统称出口许可证管理部门）提出申请，出口许可证管理部门应当自收到申请之日起 30 天内决定是否许可。

出口经营者凭出口许可证管理部门发放的出口许可证，向海关办理报关验放手续。

前款所称出口许可证，包括法律、行政法规规定的各种具有许可出口性质的证明、文件。

中华人民共和国出口商品配额管理办法（节录）

第三条　根据《货物进出口条例》第三十五条、第三十六条的规定，外经贸部对部分国家限制出口的商品实行出口配额管理。

第四条　下列出口配额管理商品不适用本办法：

（一）实行配额招标或有偿使用管理的出口商品；

（二）根据多、双边协议的规定，实行被动配额管理的出口商品；

（三）本办法附件中所列商品。

第四章

技术进出口贸易

第一节　技术进出口立法

【规则要点】

中国建立了以对外贸易法、技术进出口管理条例为主的一整套技术进出口法律制度。当然，有关的具体制度也会与时俱进地发展完善。

【理解与适用】

国务院2019年3月2日修正的《中华人民共和国技术进出口管理条例》对技术进出口作了较为明确的规范。依据该条例第2条规定："本条例所称技术进出口，是指从中华人民共和国境外向中华人民共和国境内，或者从中华人民共和国境内向中华人民共和国境外，通过贸易、投资或者经济技术合作的方式转移技术的行为。前款规定的行为包括专利权转让、专利申请权转让、专利实施许可、技术秘密转让、技术服务和其他方式的技术转移。"从这一条规定可以看出，判断技术进出口是以技术跨越国境为标准。界定技术进出口的范围是以技术为核心，不再涵盖成套设备、生产线、关键设备等有形物资的进出口。

中国技术进出口立法从无到有，随着中国改革开放的进程和技术进出口实践的不断完善和发展，现已建立起一个比较完备的法律体系，包括5个层面：

1.《中华人民共和国对外贸易法》和其他有关法律的相关规定。

2. 国务院发布的《中华人民共和国技术进出口管理条例》等行政法规。

3. 国务院有关部门发布的《技术进出口合同登记管理办法》《禁止进口限制进口技术管理办法》《禁止出口限制出口技术管理办法》等一系列规章制度。

4. 地方性法规，尤其是经济特区制定的地方性法规，如《深圳经济特区技术引进暂行规定》等。

5. 中华人民共和国与外国、国际组织签订的国际条约、双边条约等。

技术进出口主管部门为中华人民共和国商务部。由商务部依照对外贸易法和技术进出口管理条例等法律法规规定，负责全国的技术进出口管理工作。省、自治区、直辖市人民政府对外经贸主管部门根据国务院外经贸主管部门的授权，负责本行政区域内的技术进出口管理工作。国务院有关部门按照国务院的规定，履行技术进出口项目的有关管理职责。

【法条指引】

中华人民共和国对外贸易法（节录）

第十四条 国家准许货物与技术的自由进出口。但是，法律、行政法规另有规定的除外。

中华人民共和国技术进出口管理条例（节录）

第二条 本条例所称技术进出口，是指从中华人民共和国境外向中华人民共和国境内，或者从中华人民共和国境内向中华人民共和国境外，通过贸易、投资或者经济技术合作的方式转移技术的行为。

前款规定的行为包括专利权转让、专利申请权转让、专利实施许可、技术秘密转让、技术服务和其他方式的技术转移。

第三条 国家对技术进出口实行统一的管理制度，依法维护公平、自由的技术进出口秩序。

第二节　技术进口管理制度

【规则要点】

中国鼓励技术进口，但是基于国家安全等原因，也限制某些技术的进口，对有的技术则禁止进口。对限制进口、禁止进口的技术，由国务院对外贸易主管部门会同国务院其他有关部门依照对外贸易法的规定，制定、调整并公布相关的目录。对限制进口的技术，必须依法审批；对禁止进口的技术，不得进口。

【理解与适用】

一、进口技术的分类

中国对进口技术分为三类管理：鼓励进口的技术、限制进口的技术、禁止进口的技术。

（一）鼓励进口的技术

技术进出口管理条例第 7 条规定，国家鼓励先进、适用的技术进口。

根据商务部、国家发展改革委、科技部等《关于鼓励技术引进和创新，促进转变外贸增长方式的若干意见》规定，国家综合运用经济手段鼓励技术引进和创新：

一是国家利用外贸发展基金支持企业通过引进技术和创新扩大出口。

二是对引进先进技术和再创新提供必要的金融支持。政策性银行和商业银行可根据国家有关法规和政策要求，积极开展技术引进和消化吸收再创新的贷款业务。

三是为企业在境外设立研发中心提供必要的金融和外汇政策支持，重点支持能利用国际先进技术、管理经验和专业人才的境外研发中心项目。

四是国家财政、税务主管部门根据国家产业和技术发展需要，研究调整外国企业向境内转让技术获取的特许权使用费减征、免征所得税的范围。

国家财政主管部门会同有关部门研究完善引进技术的税收政策，海关会同有关部门研究制定单独引进技术在进口环节完税价格的确定和征税办法，鼓励企业引进符合国家产业技术政策的专利技术、专有技术和先进管理技术，进一步优化技术引进的质量和结构。

五是研究建立完善创业风险投资机制，利用社会资金支持企业和科研机构引进前沿技术成果，并进行产业化，以利于企业掌握国外最新技术成果和核心技术，提高企业自主创新能力。

（二）限制、禁止进口的技术

根据对外贸易法和 2019 年 3 月 2 日修订的技术进出口管理条例规定，国家基于下列原因，可以限制或者禁止有关技术的进口：

1. 为维护国家安全、社会公共利益或者公共道德，需要限制或者禁止进口的；

2. 为保护人的健康或者安全，保护动物、植物的生命或者健康，保护环境，需要限制或者禁止进口的；

3. 为实施与黄金或者白银进出口有关的措施，需要限制或者禁止进口的；

4. 输往国家或者地区的市场容量有限，需要限制出口的；

5. 为建立或者加快建立国内特定产业，需要限制进口的；

6. 对任何形式的农业、牧业、渔业产品有必要限制进口的；

7. 为保障国家国际金融地位和国际收支平衡，需要限制进口的；

8. 依照法律、行政法规的规定，其他需要限制或者禁止进口的；

9. 根据中国缔结或者参加的国际条约、协定的规定，其他需要限制或者禁止进口的。

国务院对外贸易主管部门会同国务院其他有关部门，依照对外贸易法的规定，制定、调整并公布限制或者禁止进口的技术目录。国务院对外贸易主管部门或者由其会同国务院其他有关部门，经国务院批准，可以在对外贸易法第 16 条规定的范围内，临时决定限制或者禁止规定目录以外的特定技术的进口。

属于禁止进口的技术，不得进口。国家对限制进口的技术，实行许可证管理。实行许可证管理的技术，应当按照国务院规定经国务院对外贸易主管部门或者经其会同国务院其他有关部门许可，方可进口。

二、自由进口技术的合同备案登记

对外贸易法规定，进出口属于自由进出口的技术，应当向国务院对外贸易主管部门或者其委托的机构办理合同备案登记。对自由进出口的技术实行合同备案登记制度，是为了对自由进出口的技术贸易实行有效监测。但这种登记备案制是备案式的自动登记制度，而非国家对于合同的行政裁判，不是合同生效的必要法律要件。

（一）备案登记的技术进出口合同种类

技术进出口合同包括专利权转让合同、专利申请权转让合同、专利实施许可合同、技术秘密许可合同、技术服务合同和含有技术进出口的其他合同。

（二）登记管理部门

对技术进口的管理实施合同登记管理制度，这是技术进口与一般商品进口管理的重大区别之一。按照技术进出口管理条例和《技术进出口合同登记管理办法》的规定，商务主管部门是技术进出口合同的登记管理部门。属于自由进口的技术，进口经营者应当向商务主管部门办理登记。

对《政府核准的投资项目目录》和政府投资项目中由国务院或国务院投资主管部门核准或审批的项目项下的技术进口合同，由商务部负责进行登记管理。各省、自治区、直辖市和计划单列市商务主管部门负责对其他的自由进出口技术合同进行登记管理。各省、自治区、直辖市和计划单列市商务主管部门可授权下一级商务主管部门对自由进出口技术合同进行登记管理。中央管理企业的自由进出口技术合同，按属地原则到各省、自治区、直辖市和计划单列市商务主管部门办理登记。

（三）合同登记的主要内容

自由进出口技术合同登记的主要内容为：（1）合同号；（2）合同名称；（3）技术供方；（4）技术受方；（5）技术使用方；（6）合同概况；（7）合同金额；（8）支付方式；（9）合同有效期。

中国对自由进出口技术合同号实行标准代码管理。技术进出口经营者编制技术进出口合同号应符合下述规则：（1）合同号总长度为17位；

（2）前9位为固定号：第1—2位表示制合同的年份（年代后2位）、第3—4位表示进口或出口国别地区（国标2位代码）、第5—6位表示进出口企业所在地区（国标2位代码）、第7位表示技术进出口合同标识（进口Y，出口E）、第8—9位表示进出口技术的行业分类（国标2位代码）。后8位为企业自定义。例：01USBJE01CNTIC001。

（四）备案登记的方式及程序

国家对自由进出口技术合同实行网上在线登记管理。技术进出口经营者应登陆商务部政府网站上的“技术进出口合同信息管理系统”（网址：jsjckqy. fwmys. mofcom. gov. cn）进行合同登记，并持技术进（出）口合同登记申请书、技术进（出）口合同副本（包括中文译本）和签约双方法律地位的证明文件，到商务主管部门履行登记手续。商务主管部门在收到上述文件起3个工作日内，对合同登记内容进行核对，并向技术进出口经营者颁发技术进口合同登记证或技术出口合同登记证。

对申请文件不符合技术进出口管理条例第18条、第40条规定要求或登记记录与合同内容不一致的，商务主管部门应当在收到申请文件的3个工作日内通知技术进出口经营者补正、修改，并在收到补正的申请文件起3个工作日内，对合同登记的内容进行核对，颁发技术进口合同登记证或技术出口合同登记证。

三、限制进口技术的审批

（一）进口申请

凡列入《中国禁止进口限制进口技术目录》中禁止进口的技术，不得进口。

进口属于限制进口的技术，进口经营者应向外经贸主管部门提出技术进口申请，填写申请书。

对于哪些技术属于限制进口的，由国务院对外贸易主管部门会同国务院其他有关部门，依法制定、调整并公布技术目录。凡进口列入《中国禁止进口限制进口技术目录》中限制进口技术的，应依法履行进口许可手续。

（二）提交相关文件

进口属于限制进口的技术，应当向国务院外经贸主管部门提出技术进口申请并附有关文件。技术进口项目须经有关部门批准的，还应当提交有关部门的批准文件。

（三）主管部门审查

地方商务主管部门自收到申请书之日起30个工作日内，组织技术和贸易专家对申请进口的技术进行技术和贸易审查，并决定是否准予进口。申请人提供的申请材料不完备、申请内容不清或有其他申请不符合规定的情形，地方商务主管部门可要求申请人对申请材料进行修改或补充。

1. 对限制进口技术进行贸易审查

限制进口技术的贸易审查应包括以下内容：

（1）是否符合我国对外贸易政策，有利于对外经济技术合作的发展；

（2）是否符合我国对外承诺的义务；

（3）是否对建立或加快建立国内特定产业造成不利影响。

2. 对限制进口技术进行技术审查

限制进口技术的技术审查应包括以下内容：

（1）是否危及国家安全、社会公共利益或者公共道德；

（2）是否危害人的健康或安全和动物、植物的生命或健康；

（3）是否破坏环境；

（4）是否符合国家产业政策和经济社会发展战略，有利于促进我国技术进步和产业升级，有利于维护我国经济技术权益。

进口申请获得批准后，由地方商务主管部门颁发由商务部统一印制和编号的技术进口许可意向书。技术进口许可意向书的有效期为3年。

（四）签订技术进口合同

进口经营者取得技术进口许可意向书后，可以对外签订技术进口合同。

（五）申请技术进口许可证

技术进口经营者签订技术进口合同后，应持技术进口许可意向书、合同副本及其附件、签约双方法律地位证明文件到地方商务主管部门申请技术进口许可证。

（六）作出许可或不许可决定

国务院外经贸主管部门对技术进口合同的真实性进行审查，并自收到规定的文件之日起10个工作日内，对技术进口作出许可或者不许可的决定。

技术进口经许可的，地方商务主管部门向进口经营者颁发由商务部统一印制和编号的技术进口许可证。限制进口技术的进口合同自技术进口许可证颁发之日起生效。

技术进口经营者凭技术进口许可证，办理外汇、银行、税务、海关等相关手续。凡《中国禁止进口限制进口技术目录》中限制进口技术的，技术进口经营者应主动向海关出具技术进口许可证，海关凭技术进口许可证办理验放手续。

【风险提示】

任何企业和个人都不得进口禁止进口的技术。对限制进口的技术，一定要依法申请获得许可申请；对自由进口的技术，也要依法进行备案登记。

【相关案例】

昌园株式会社诉济南车辆厂等技术进口合同纠纷案

涉案专利系名称为“用于轮船或火车车厢的可自动关闭的厕所”的第95226905.8号实用新型专利，申请日为1995年10月27日，授权公告日为1997年9月17日，专利权人为朴某某。2001年5月11日，中机公司（代理方）与济南车辆厂（委托方）签订《委托代理合同》。

2001年6月19日，昌园株式会社与济南车辆厂、中机公司签订涉案技术合同。涉案技术合同第2条约定，昌园株式会社授予济南车辆厂不可分割的、非转让的专有技术和涉案专利的独占使用许可，同时包括在中国生产该产品所必需的技术支持；济南车辆厂可以在中国以任何形式生产或分销该产品，或在昌园株式会社没有代理商和销售网络的该区域以外的地区销售或出口该产品，但出口和销售到中国以外地区的产品应当根据合同第9条计取提成费；第9条约定，济南车辆厂应当根据产品的以下生产数量向昌园株式会社支付技术提成费，1—6000套为144.5美元/套，6000套以上为33美元/套。第17条约定，依据本合同将或可能给予的任何通知、请求、应允、提议、要求以及通信等，都应使用传真、电子邮件、急件的形式，并注明各方各自的办公地址，除非任何一方根据本条款通知变更办公地址。通知发出的时间以发传真、电子邮件和邮件的日期为准。

2006年6月26日，华腾公司与唐山车辆厂签订《工业品买卖合同》，约定唐山车辆厂向华腾公司购买238套集便器，总价款人民币19922000元。

法院经审理认为：昌园株式会社与济南车辆厂、中机公司签订的涉案技术合同，意思表示真实，未违反国家法律法规的规定，应属有效，各方均应认真履行。根据涉案技术合同的规定，济南车辆厂根据产品生产数量应当向昌园株式会社支付技术提成费。昌园株式会社主张济南车辆厂和中机公司支付技术提成费，应当提供相应证据。但是，昌园株式会社提交的证据1传真复印件，该传真复印件所标注的济南车辆厂地址与涉案技术合同明确的地址不同，且济南车辆厂不认可传真复印件的真实性，在无其他证据相佐证的情况下，法院无法认定传真复印件的真实性。昌园株式会社提交的证据2系经公证打印的电子邮件，但未提供证据表明所涉邮箱经过双方确认，亦未提供证据证明其邮箱使用者的真实身份，且济南车辆厂和中机公司均不认可电子邮件的真实性，故法院无法认定电子邮件的真实性和关联性。

综上所述，昌园株式会社据此主张济南车辆厂和中机公司支付技术提成费，缺乏事实和法律依据，法院不予支持。

【法条指引】

中华人民共和国对外贸易法（节录）

第十四条 国家准许货物与技术的自由进出口。但是，法律、行政法规另有规定的除外。

第十五条第三款 进出口属于自由进出口的技术，应当向国务院对外贸易主管部门或者其委托的机构办理合同备案登记。

第十七条 国家对与裂变、聚变物质或者衍生此类物质的物质有关的货物、技术进出口，以及与武器、弹药或者其他军用物资有关的进出口，可以采取任何必要的措施，维护国家安全。

在战时或者为维护国际和平与安全，国家在货物、技术进出口方面可以采取任何必要的措施。

第十八条 国务院对外贸易主管部门会同国务院其他有关部门，依照本法第十六条和第十七条的规定，制定、调整并公布限制或者禁止进出口的货物、技术目录。

国务院对外贸易主管部门或者由其会同国务院其他有关部门，经国务院批准，可以在本法第十六条和第十七条规定的范围内，临时决定限制或者禁止前款规定目录以外的特定货物、技术的进口或者出口。

第三节 技术出口管理制度

【规则要点】

中国鼓励技术出口，但是基于国家安全等原因，也限制某些技术的出口，对有的技术则禁止出口。对限制出口、禁止出口的技术，由国务院对外贸易主管部门会同国务院其他有关部门依照对外贸易法的规定，制定、调整并公布相关的目录。对限制出口的技术，必须依法审批；对禁止出口的技术，不得出口。

【理解与适用】

一、技术出口分类管理

中国对技术出口主要分为四大类：禁止出口类技术、限制出口类技术、自由出口类技术、核技术等专控类出口技术。

（一）禁止出口类技术

根据对外贸易法第16条的规定，国家基于下列原因，可以禁止有关技术出口：（1）为维护国家安全、社会公共利益或者公共道德，需要禁止出口的；（2）为保护人的健康或者安全，保护动物、植物的生命或者健康，保护环境，需要禁止出口的；（3）为实施与黄金或者白银进出口有关的措施，需要禁止出口的；（4）国内供应短缺或者为有效保护可能用竭的自然资源，需要禁止出口的；（5）依照法律、行政法规的规定，其他需要禁止出口的；（6）根据我国缔结或者参加的国际条约、协定的规定，其他需要禁止出口的。

商务部会同国务院有关部门，制定、调整并公布限制或者禁止出口技术目录。现行的《中国禁止出口限制出口技术目录》由中华人民共和国商务部、科技部于2008年9月16日发布。

凡属禁止出口的技术，不得出口。

（二）限制出口类技术

根据对外贸易法第16条的规定，属于下列情形之一的技术，国家可以限制出口：（1）为维护国家安全、社会公共利益或者公共道德，需要限制出口的；（2）为保护人的健康或者安全，保护动物、植物的生命或者健康，保护环境，需要限制出口的；（3）为实施与黄金或者白银进出口有关的措施，需要限制出口的；（4）国内供应短缺或者为有效保护可能用竭的自然资源，需要限制出口的；（5）输往国家或者地区的市场容量有限，需要限制出口的；（6）出口经营秩序出现严重混乱，需要限制出口的；（7）依照法律、行政法规的规定，其他需要限制出口的；（8）根据我国缔结或者参加的国际条约、协定的规定，其他需要限制出口的。

对于限制出口的技术，国家实行许可证管理。凡出口限制类技术，必须按照有关规定和程序申领技术出口许可证，作为办理出口海关手续的依据，海关验核技术出口许可证和有关清单后放行。

（三）自由出口类技术

国家鼓励成熟的产业化技术出口。凡不属于上述两类被列入《中国禁止出口限制出口技术目录》的技术为自由出口类技术（核技术等依照国际条约管制的技术除外）。对自由出口类技术，实行合同登记管理。

（四）核技术等专控类出口技术

对于核技术、生物两用品及相关设备，导弹及相关物项和技术，监控化学品生产技术及军事技术等，依照国务院颁发的相关行政法规严格控制，以落实国家防扩散政策，履行有关国际法义务。

二、自由出口技术的合同备案登记

自由出口技术的合同备案登记与自由进口技术的合同备案登记条件程

序大致一致，请参见第二节相关内容。

三、限制出口技术的审批

列入《中国禁止出口限制出口技术目录》中禁止出口的技术，不得出口，也就不存在审批的问题。

对于限制出口技术的审批，主要有以下程序：

（一）提出出口申请

技术出口经营者限制出口技术前，应填写申请书，并报送地方商务主管部门。

属于国家秘密技术的限制出口技术，在依法履行许可手续前，应先按《国家秘密技术出口审查规定》办理保密审查手续，并持保密审查主管部门批准的《国家秘密技术出口保密审查批准书》提出办理出口申请。

（二）主管部门受理

申请限制出口技术的，由技术出口经营者所在地的省、自治区、直辖市商务主管部门（简称“地方商务主管部门”）会同省、自治区、直辖市科技行政主管部门（简称“地方科技行政主管部门”）受理。

申请人提供的申请材料不完备、申请内容不清或有其他申请不符合规定的情形，地方商务主管部门可要求申请人对申请材料进行修改或补充。

（三）审查

地方商务主管部门自收到申请书之日起30个工作日内，会同地方科技行政主管部门分别对技术出口项目进行贸易审查和技术审查，并决定是否准予出口。

地方商务主管部门应在收到申请书之日起5个工作日之内，将相关材料转地方科技行政主管部门。地方科技行政主管部门在收到申请书之日起15个工作日内，组织专家对申请出口的技术进行技术审查并将审查结果反馈地方商务主管部门，同时报科技部备案。

1. 对限制出口技术进行贸易审查

限制出口技术的贸易审查应包括以下内容：

（1）是否符合我国对外贸易政策，并有利于促进外贸出口；

（2）是否符合我国的产业出口政策，并有利于促进国民经济发展；

（3）是否符合我国对外承诺的义务。

2. 对限制出口技术进行技术审查

限制出口技术的技术审查应包括以下内容：

（1）是否危及国家安全；

（2）是否符合我国科技发展政策，并有利于科技进步；

（3）是否符合我国的产业技术政策，并能带动大型和成套设备、高新技术产品的生产和经济技术合作。

（四）作出是否批准的决定

地方商务主管部门自收到申请书之日起 30 个工作日内决定是否准予出口。

出口申请获得批准后，由地方商务主管部门颁发由商务部统一印制和编号的技术出口许可意向书。技术出口许可意向书的有效期为 3 年。

在申请出口信贷、保险意向承诺时，必须出具技术出口许可意向书，金融、保险机构凭技术出口许可意向书办理有关业务。

对没有取得技术出口许可意向书的限制出口技术项目，任何单位和个人都不得对外进行实质性谈判，不得作出有关技术出口的具有法律效力的承诺。

（五）签订《技术出口合同》

出口申请获得批准后，技术出口经营者凭技术出口许可意向书签订《技术出口合同》。但技术出口经营者在技术出口许可意向书有效期内，未签订《技术出口合同》的，应依法定程序向地方商务主管部门重新提出出口申请。

（六）申请技术出口许可证

技术出口经营者签订技术出口合同后，持技术出口许可意向书、合同副本、技术资料出口清单（文件、资料、图纸、其他）、签约双方法律地位证明文件到地方商务主管部门申请技术出口许可证。

（七）对技术出口作出是否许可的决定

地方商务主管部门收到申请后，对技术出口合同的真实性进行审查，并自收到文件之日起 15 个工作日内，对技术出口作出是否许可的决定，对许可出口的技术颁发由商务部统一印制和编号的技术出口许可证。技术出口许可证自颁发之日起生效。

技术出口经营者到地方商务主管部门领取技术出口许可证前，应登录商务部网站上的“技术进出口合同信息管理系统”（网址为：jsjckqy.fwmys.mofcom.gov.cn），按程序录入合同内容。

凡经批准允许出口的国家限制出口技术出口项目，技术出口经营者在办理海关事宜时，应主动出示技术出口许可证，海关验核后办理有关放行手续。

【风险提示】

国家鼓励成熟的产业化技术出口。但属于禁止出口的技术，不得出口。属于限制出口的技术，实行许可证管理，经营者必须依法申请办理许可证；未经许可的，不得出口。出口属于禁止进出口的技术的，或者未经许可擅自出口属于限制出口的技术的，依照刑法关于走私罪、非法经营罪、泄露国家秘密罪或者其他罪的规定，依法追究刑事责任；尚不够刑事处罚的，区别不同情况，依照海关法的有关规定处罚，或者由国务院外经贸主管部门给予警告，没收违法所得，处违法所得1倍以上5倍以下的罚款；国务院外经贸主管部门并可以撤销其对外贸易经营许可。伪造、变造或者买卖技术进出口许可证或者技术进出口合同登记证的，依照刑法关于非法经营罪或者伪造、变造、买卖国家机关公文、证件、印章罪的规定，依法追究刑事责任；尚不够刑事处罚的，依照海关法的有关规定处罚；国务院外经贸主管部门并可以撤销其对外贸易经营许可。

【相关案例】

联塑公司等不服国家知识产权局作出手续合格通知书案

被告国家知识产权局针对第200810125023.X号专利申请（发明创造名称：射出成型机射料管定位结构，以下简称“涉案专利”）作出手续合格通知书（以下简称“被诉通知书”）。原告陆某某（商人，住我国台湾地区台南县）认为，申请人由两原告变更为两原告和第三人韩某某，已经涉及中国大陆单位专利申请权的摊薄。换言之，本案涉及中国大陆的单位向我国台湾地区的个人转让专利申请权，应当获得相关行政部门的审批。被告在缺乏相应审批文件的情形下作出被诉通知书，同意变更涉案专利申请的申请人，违反了涉外专利申请转让的相关法律的规定，请求法院依法撤销被诉通知书。

法院经审理认定：2008 年 6 月 23 日，原告联塑公司以及陆某某向被告国家知识产权局提出涉案专利申请，并要求行使中国实用新型专利优先权，该在先专利申请的申请人为联塑公司和韩某某，二者同时提交了优先权转让证明。2009 年 1 月 16 日，被告作出视为未要求本国优先权的通知书。2009 年 1 月 19 日，联塑公司和陆某某提交著录项目变更申报书及专利申请权转让协议书，请求将申请人由联塑公司和陆某某变更为联塑公司、陆某某和韩某某，同时提交了专利申请权转让协议书。2009 年 2 月 18 日，联塑公司和陆某某提出恢复优先权申请，并提交了经在先申请的全体申请人签字和盖章的优先权转让证明。同时，再次提交了将申请人由联塑公司和陆某某变更为联塑公司、陆某某和韩某某的著录项目变更申报书。2009 年 3 月 13 日，被告经审查作出优先权恢复请求审批决定，同意恢复优先权。同时，被告作出被诉通知书。2009 年 12 月 7 日，原告联塑公司和陆某某不服被诉通知书，向被告提起行政复议。被告经审查，作出行政复议决定，维持了被诉通知书。

北京市第一中级人民法院经审理认为：本案中，涉案专利申请权的转让人之一联塑公司为中国大陆的单位，而受让人之一韩某某为我国台湾地区的个人。因此，涉案专利申请权在转让之前须取得相关行政部门的技术出口审批文件。在缺乏技术出口审批文件的情形下，被告核准涉案专利申请权的转让显然违反了上述法律规定。另外，优先权转让与专利申请权转让分属不同的程序，优先权之转让情形不影响有关本案被诉通知书的合法性审查。综上，被诉通知书适用法律、法规错误，处理结论有误，法院依法应予撤销。原告的诉讼请求具有事实及法律依据，法院应予支持。

北京市第一中级人民法院作出判决：撤销被告国家知识产权局于 2009 年 3 月 27 日针对第 200810125023. X 号专利申请作出的专利著录项目变更手续合格通知书。

【法条指引】

中华人民共和国对外贸易法（节录）

第十四条 国家准许货物与技术的自由进出口。但是，法律、行政法规另有规定的除外。

中华人民共和国技术进出口管理条例（节录）

第二十八条 国家鼓励成熟的产业化技术出口。

第二十九条 有对外贸易法第十六条规定情形之一的技术，禁止或者限制出口。

国务院外经贸主管部门会同国务院有关部门，制定、调整并公布禁止或者限制出口的技术目录。

第三十条 属于禁止出口的技术，不得出口。

第三十一条 属于限制出口的技术，实行许可证管理；未经许可，不得出口。

第五章

国际服务贸易管理制度

第一节　国际服务贸易立法

【规则要点】

国际服务贸易是对外贸易的重要内容。中国根据加入世贸组织的承诺逐步放开服务贸易。但为了维护国家利益，对有的国际服务贸易也进行限制。为此，中国制定了一系列相应的法律、行政法规、部门规章进行规范和管理。

【理解与适用】

一、对外贸易法有关国际服务贸易的规定

中国在漫长的“复关”谈判中，也参与了 GATT 多边贸易体制开放服务贸易市场的谈判。GATT 有关服务贸易谈判所确立的一系列基本原则和规则，各参加方必须保证各自国内立法与之相符合。因此，中国在制定对外贸易法的过程中，已充分考虑到国际服务业将被纳入多边贸易体制这一发展趋势，也将国际服务贸易直接纳入 1994 年对外贸易法予以规范，作为中国对外贸易的三大支柱之一（货物进出口、技术进出口、国际服务贸易）。该条规定结束了中国长期以来主要以单行部门规章的形式规范服务业的经营和管理的历史，成为中国国际服务贸易法律规范的基本法。

考虑到乌拉圭回合多边贸易谈判所达成的《服务贸易总协定》已成为国际服务贸易的基本制度和各国就开放服务贸易市场进行谈判的基础，

1994 年对外贸易法第 4 章“国际服务贸易”部分，根据《服务贸易总协定》的基本精神，用 5 个条文确立了中国发展服务贸易将遵循的基本法律原则。该法第 22 条规定国家促进国际服务贸易的逐步发展。这意味着中国将在逐步对外开放国内服务业市场的同时，大力促进中国的服务业进入国际市场。在引进竞争机制，给国内服务业带来竞争压力的同时，促使其向现代服务业转移，提高中国服务贸易进军国外市场的整体竞争力。第 23 条规定了中国在国际服务贸易方面所承担的国际法义务，即根据中国所缔结或者参加的国际条约、协定中所作的承诺，给予其他缔约方、参加方市场准入和国民待遇。该条构成中国参加国际服务贸易市场准入与国民待遇逐个部门谈判的法律依据。

基于国际服务贸易的复杂性和市场开放的渐进性，2004 年修订的对外贸易法第 26 条规定，国家基于下列原因，可以限制或者禁止有关的国际服务贸易：

（1）为维护国家安全、社会公共利益或者公共道德，需要限制或者禁止的；

（2）为保护人的健康或者安全，保护动物、植物的生命或者健康，保护环境，需要限制或者禁止的；

（3）为建立或者加快建立国内特定服务产业，需要限制的；

（4）为保障国家外汇收支平衡，需要限制的；

（5）依照法律、行政法规的规定，其他需要限制或者禁止的；

（6）根据我国缔结或者参加的国际条约、协定的规定，其他需要限制或者禁止的。

对外贸易法第 25 条则规定国务院对外贸易主管部门和国务院其他有关部门，依照本法和其他有关法律、行政法规的规定，对国际服务贸易进行管理。

二、其他法律法规的规定

对外贸易法只是对国际服务贸易的基本制度包括基本原则、待遇标准、限制和禁止的范围及管理机构等作了框架式的规定，而具体的开放领域、开放的范围和时间等则依照其他法律、法规和部门规章办理。因此，中国现行调整国际服务贸易管理关系的法律法规，除起基本法律作用的对外贸易法外，还主要包括以下几类：

（一）法律

如商业银行法、会计法、保险法、律师法等。这一类法律由全国人大常委会审议批准，是各服务领域法律规范的基本法律，对国际服务贸易同样适用。

（二）行政法规和部门规章

为履行加入 WTO 的承诺，中国充分利用行政法规和部门规章的形式，近几年制定和发布了大量的直接调整国际服务贸易的法律规范，对于指导市场开放，规范服务贸易行为起到了重要的作用。例如：

（1）《旅行社条例》（2017 年 3 月 1 日国务院第 2 次修订）；

（2）《中华人民共和国外资保险公司管理条例》（2019 年 9 月 30 日国务院第 3 次修订）；

（3）《外商投资电信企业管理规定》（2016 年 2 月 6 日国务院第 2 次修订）；

（4）《中华人民共和国外资银行管理条例》（2019 年 9 月 30 日国务院第 3 次修订）等。

（三）中国加入 WTO 时所作出的承诺

中国加入 WTO 时在《中华人民共和国加入议定书》附件 9 中对服务贸易作出了有关承诺。

附件 9 是中国分阶段开放服务业各行业领域政府对外承诺一览表。根据“条约必须信守”的国际法原则，对附件 9 所设定的义务应予履行。附件 9 作为国际法意义的法律规范，对中国国际服务贸易的开放和服务行业新的法规的制定具有法律约束力（即按承诺开放市场，调整国内政策法规）。

【风险提示】

中国对国际服务贸易实行逐步开放政策。在中国进行国际服务贸易应当特别注意法律法规的调整，尤其是在自由贸易试验区，中国明确规定暂停执行有些法律法规的规定。

【法条指引】

中华人民共和国对外贸易法（节录）

第二十四条 中华人民共和国在国际服务贸易方面根据所缔结或者参

加的国际条约、协定中所作的承诺，给予其他缔约方、参加方市场准入和国民待遇。

第二十五条 国务院对外贸易主管部门和国务院其他有关部门，依照本法和其他有关法律、行政法规的规定，对国际服务贸易进行管理。

旅行社条例（节录）

第二十一条 外商投资旅行社适用本章规定；本章没有规定的，适用本条例其他有关规定。

前款所称外商投资旅行社，包括中外合资经营旅行社、中外合作经营旅行社和外资旅行社。

第二十二条 外商投资企业申请经营旅行社业务，应当向所在地省、自治区、直辖市旅游行政管理部门提出申请，并提交符合本条例第六条规定条件的相关证明文件。省、自治区、直辖市旅游行政管理部门应当自受理申请之日起30个工作日内审查完毕。予以许可的，颁发旅行社业务经营许可证；不予许可的，书面通知申请人并说明理由。

设立外商投资旅行社，还应当遵守有关外商投资的法律、法规。

中华人民共和国外资保险公司管理条例（节录）

第一条 为了适应对外开放和经济发展的需要，加强和完善对外资保险公司的监督管理，促进保险业的健康发展，制定本条例。

第三条 外资保险公司必须遵守中国法律、法规，不得损害中国的社会公共利益。

外资保险公司的正当业务活动和合法权益受中国法律保护。

中华人民共和国外资银行管理条例（节录）

第一条 为了适应对外开放和经济发展的需要，加强和完善对外资银行的监督管理，促进银行业的稳健运行，制定本条例。

第四条 外资银行必须遵守中华人民共和国法律、法规，不得损害中华人民共和国的国家利益、社会公共利益。

外资银行的正当活动和合法权益受中华人民共和国法律保护。

第二节 中国加入世贸组织时对服务贸易的承诺

【规则要点】

中国在加入世贸组织时，在国际服务贸易方面作出了一系列承诺。但随着中国经济社会发展，有关服务贸易的开放还会进一步扩大。

【理解与适用】

一、服务贸易领域水平承诺

服务贸易市场准入的开放主要体现在商业存在的开放，通过商业存在提供服务，其实质是在服务业领域的外商直接投资。所以，服务贸易的市场准入谈判无论是水平承诺还是部门承诺都主要集中于商业存在方式上。

所谓水平承诺是指适用于减让表中所有部门的承诺，含有共性的特征，具有一般的指导意义。依据《中华人民共和国加入议定书》附件9，中国政府所作的水平承诺主要内容如下：

其一，股权式合资企业中的外资比例不得少于该合资企业注册资本的25%。

其二，允许在中国设立外国企业的代表处，但代表处不得从事任何营利性活动（部分部门具体承诺中的代表处除外）。

其三，中华人民共和国的土地归国家所有。企业和个人使用土地须遵守下列最长期限限制：（1）居住目的为70年；（2）工业目的为50年；（3）教育、科学、文化、公共卫生和体育目的为50年；（4）商业、旅游、娱乐目的为40年；（5）综合利用或其他目的为50年。

其四，对于在中华人民共和国领土内已设立代表处、分公司或子公司的WTO成员的公司的经理、高级管理人员和专家等高级雇员，作为公司内部的调任人员临时调动，应允许其入境首期停留3年；对于被在中华人民共和国领土内的外商投资企业雇佣从事商业活动的WTO成员的公司的经理、高级管理人员和专家等高级雇员，应按有关合同条款规定给予其长期居留许可，或首期居留 3 年，以时间短者为准；服务销售人员——即不在中华人民共和国领土内常驻、不从在中国境内的来源获得报酬、从事与代表某一服务提供者有关的活动、以就销售该提供者的服务进行谈判的人员，如：(1) 此类销售不向公众直接进行；(2) 该销售人员不从事该项服务的供应，则该销售人员的入境期限为 90 天。

其五，中国对服务业开放的下列承诺也具有一般性意义：外国服务者可以自由选择中方合资伙伴，包括行业外的伙伴，对外资进入中国主要敏感服务行业不能有数量限制；在审批过程中，只要外方符合行业审慎原则，即应给予批准；不能以防止重复建设或以需要试点为由，拒绝批准外资进入服务业。

二、服务贸易主要部门承诺

(一) 金融业的市场准入

1. 银行业

(1) 地域限制：对于外币业务，自加入时起，无地域限制。对于本币业务，地域限制将按下列时间表逐步取消：自加入时起，开放上海、深圳、天津和大连；加入后 1 年内开放广州、珠海、青岛、南京和武汉；加入后 2 年内，开放济南、福州、成都和重庆；加入后 3 年内，开放昆明、北京和厦门；加入后 4 年内，开放汕头、宁波、沈阳和西安；加入后 5 年内，将取消所有地域限制。

(2) 客户：对于外币业务，允许外国金融机构自加入时起在中国提供服务，无客户限制。对于本币业务，加入后 2 年内，允许外国金融机构向中国企业提供服务。加入后 5 年内，允许外国金融机构向所有中国客户提供服务（取消地域限制）。获得在中国一地区从事本币业务营业许可的外国金融机构可向位于已开放此类业务的任何其他地区的客户提供服务。

(3) 营业许可：中国金融服务部门进行经营的批准标准仅为审慎性标准（即不含经济需求测试或营业许可的数量限制）。加入后 5 年内，应取消现在的限制所有权、经营及外国金融机构法律形式的任何非审慎性措施，包括关于内部分支机构和营业许可的措施。满足下列条件的外国金融机构允许在中国设立外国独资银行或外国独资财务公司：提出申请前一年年末总资产超过100亿美元。满足下列条件的外国金融机构允许在中国设立外国银行的分行：提出申请前一年年末总资产超过200亿美元。从事本币业务的外国金融机构的资格如下：在中国营业3年，且在申请前连续2年盈利。

2. 证券业

自加入时起，外国证券机构在中国的代表处可成为所有中国证券交易所的特别会员。自加入时起，允许外国服务提供者设立合资公司，从事国内证券投资基金管理业务，外资最多可达33%的股份，3年内可增至49%。中国加入后3年内，将允许外国证券公司设立合资公司，外资拥有不超过1/3的股权，合资公司可从事（不通过中方中介）A股的承销、B股和H股及政府和公司债券的承销和交易、基金的发起。

3. 保险业

（1）企业形式：将允许外国非寿险公司设立分公司或合资企业，外资占51%。中国加入后2年内，将允许外国非寿险公司设立外资独资子公司，取消企业形式限制。自加入时起，将允许外国寿险公司设立外资占50%的合资企业，并可自行选择合资伙伴。对于大型商业险经纪、再保险经纪、国际海运、空运和运输保险和再保险经纪：自加入时起，将允许设立外资股比不超过50%的合资企业；中国加入后3年内，外资股比可增至51%，中国加入后5年内，将允许设立外资独资子公司。

（2）地域范围：自加入时起，将允许外国寿险和非寿险公司及保险经纪公司在上海、广州、大连、深圳和佛山提供服务。中国加入后2年内，将允许外国寿险和非寿险公司及保险经纪公司在下列城市提供服务：北京、成都、重庆、福州、苏州、厦门、宁波、沈阳、武汉和天津。中国加入后3年内，将取消地域限制。

（3）业务范围：自加入时起，将允许外国非寿险公司提供无地域限制的“统括保单”大型商业险保险。依照国民待遇，将允许外国保险经纪公司不迟于中国保险经纪公司、并以不低于中国保险经纪公司的条件提供“统括保单”业务。允许外国非寿险公司自加入时起向境外企业提供保险，并向在中国的外商投资企业提供财产险、相关责任险和信用险。中国加入后2年内，将允许外国非寿险公司向外国和国内客户提供全部非寿险服务。

允许外国保险公司向外国人和中国公民提供个人（非团体）险服务；中国加入后3年内，将允许外国保险公司向外国人和中国人提供健康险、团体险和养老险/年金险。自加入时起，将允许外国保险公司以分公司、合资企业或外资独资子公司的形式提供寿险和非寿险的再保险服务，无地域限制或发放营业许可的数量限制。

（4）许可：设立外资保险机构的资格条件如下：投资者应为在WTO成员中有30年以上设立商业机构经验的外国保险公司；应连续2年在中国设有代表处；在提出申请的前1年年末总资产应超过50亿美元，但保险经纪公司除外。保险经纪公司的总资产应超过5亿美元。加入后1年内，其总资产应超过4亿美元。加入后2年内，其总资产应超过3亿美元。加入后4年内，其总资产应超过2亿美元（以上为入门总资产条件）。

（二）电信业的市场准入

1. 速递服务（现由中国邮政部门依法专营的服务除外）

加入时，将允许外国服务提供者设立合资企业，外资不超过49%。中国加入后1年内，将允许外资拥有多数股权。中国加入后4年内，将允许外国服务提供者设立外资独资子公司。

2. 增值电信服务

将允许外国服务提供者在上海、广州和北京设立合资增值电信企业，并在这些城市内提供服务，无数量限制。合资企业中的外资不得超过30%。中国加入后1年内，地域将扩大至包括成都、重庆、大连、福州、杭州、南京、宁波、青岛、沈阳、深圳、厦门、西安、太原和武汉，外资不得超过49%。中国加入后2年内，将取消地域限制，外资不得超过50%。

3. 基础电信服务

将允许外国服务提供者在上海、广州和北京设立合资企业，并在这些城市内及其之间提供服务，无数量限制。合资企业中的外资不得超过30%。中国加入后1年内，地域将扩大至包括成都、重庆、大连、福州、杭州、南京、宁波、青岛、沈阳、深圳、厦门、西安、太原和武汉市内及这些城市之间的服务，外资不得超过49%。中国加入后2年内，将取消地域限制，外资不得超过50%。

4. 移动话音和数据服务

自中国加入时，将允许外国服务提供者在上海、广州和北京设立合资企业，并在这些城市内及其之间提供服务，无数量限制。合资企业中的外资不得超过25%。加入后1年内，地域将扩大至包括成都、重庆、大连、福州、杭州、南京、宁波、青岛、沈阳、深圳、厦门、西安、太原和武汉市内及这些城市之间的服务，外资比例不得超过35%。加入后3年内，外资不得超过49%。加入后5年内，将取消地域限制。

（三）批发零售业

1. 批发服务（不包括盐和烟草）

中国加入WTO后1年内，外国服务提供者可设立合资企业，从事所有进口和国产品的佣金代理和批发业务，但下列产品除外。对于下列产品，将允许外国服务提供者在中国加入后3年内，从事图书、报纸、杂志、药品、农药和农膜的分销，并在中国加入后5年内，从事化肥、成品油和原油的分销。中国加入WTO后2年内，将允许外资拥有多数股权，取消地域和数量限制。中国加入3年内，取消分销限制，但对于化肥、成品油和原油在加入后5年内取消限制。

2. 零售服务（不包括烟草）

外国服务提供者仅限于以合资企业形式在5个经济特区（深圳、珠海、汕头、厦门和海南）和6个城市（北京、上海、天津、广州、大连和青岛）提供服务。在北京和上海，允许的合资零售企业的总数不超过4家。在其他每一城市，将允许的合资零售企业各不超过2家。将在北京设立的4家合资零售企业的2家可在同一城市（即北京）设立其分支机构。自中国加入WTO时起，郑州和武汉将立即向合资零售企业开放。中国加入WTO后2年内，在合资零售企业中将允许外资持有多数股权，将向合资零售企业开放所有省会城市及重庆和宁波。将允许外国服务者从事除下列产品外的所有产品和零售：加入后1年内允许从事图书、报纸和杂志的零售；加入后3年内，允许从事药品、农药、农膜和成品油的零售；加入后5年内，允许从事化肥的零售。中国加入后3年内，取消限制，但下列产品除外：化肥的零售，加入后5年内取消限制。超过30家分店、销售来自多个供应商的不同种类和品牌商店的连锁店，对于此类超过30家分店的连锁店，如这些连锁店销售任何下列产品之一，则不允许外资拥有多数股权：汽车（期限为加入后5年，届时股比限制将取消)，《中华人民共和国加入议定书》附件2A中所列产品。外国连锁店经营者将有权选择根据中国法律和法规在中国合法设立的任何合资伙伴。

（四）运输服务业

	加入时	加入1年内	加入3年内	加入4年内	加入6年内
公路卡车和汽车货运服务	只允许设立合资企业，外资≤49%	允许外资控股	允许设立外资独资公司		
铁路货运服务	同上		允许外资投股		允许设立独资公司
仓储服务	同上	允许外资投股	允许外资独立公司		
货物运输代理服务（不包括商检服务）	有连续3年以上历史的外国货代企业可以设立合资货代企业，外资≤50%	允许外资控股		允许设立外资独资公司	
国际运输（货运和客运，不包括沿海和内水运输）	允许设立注册公司，经营悬挂中华人民共和国国旗的船队；允许设立合资船运公司，外资≤49%				
海运理货、海运报关、集装箱堆场服务	允许外资控股				
船务代理服务	外资≤49%				
内河货运服务	只允许在对外轮开放的港口从事国际运输				

（五）专业服务领域

1. 法律服务

外国律师事务所只能在北京、上海、广州、深圳、海口、大连、青岛、宁波、烟台、天津、苏州、厦门、珠海、杭州、福州、武汉、成都、沈阳和昆明以代表处的形式提供法律服务。代表处可从事营利性活动。驻华代表处的数量不得少于截至中国加入 WTO 之日已设立的数量。一家外国律师事务所只能设立一个驻华代表处。上述地域限制和数量限制将在中国加入 WTO 后 1 年内取消。外国律师事务所代表处的业务范围仅限于下列内容：

（1）就该律师事务所律师允许从事律师业务的国家/地区的法律及就国际公约和惯例向客户提供咨询；

（2）应客户或中国法律事务所的委托，处理该律师事务所律师允许从事律师业务的国家/地区的法律事务；

（3）代表外国客户，委托中国律师事务所处理中国法律事务；

（4）订立合同以保持与中国律师事务所的长期委托关系；

（5）提供有关中国法律环境影响的信息。外国律师事务所的代表应为执业律师，为 WTO 成员的律师协会或律师分会的会员，且在中国境外就业不少于 2 年。首席代表应为 WTO成员的律师事务所的合伙人或相同职位人员（如有限责任公司律师事务所的成员），且在中国境外执业不少于 2 年。

2. 会计、审计和簿记服务

合伙或有限责任会计师事务所只限于中国主管机关批准的注册会计师。允许外国会计师事务所与中国会计师事务所结成联合所，并与其在其他 WTO 成员中的联合所订立合作合同。自加入 WTO 时起，在对通过中国国家注册会计师资格考试的外国人发放执业许可方面，应给予国民待遇。申请人将在不迟于提出申请后 30 天以书面形式告知结果。现有中外合作会计师事务所不仅限于中国主管机关批准的注册会计师。提供本项所列服务的会计师事务所可以从事税收和管理咨询服务，而不受其设立形式要求的约束（其他承诺）。

3. 建筑及相关工程服务

仅限于合资企业形式，允许外资拥有多数股权。中国加入 WTO 后 5 年内，允许设立外商独资企业。

4. 医疗和牙医服务

允许外国服务提供者与中国合资伙伴一起设立合资医院诊所，没有数量限制，以符合中国的需要，允许外资拥有多数股权。应允许持有其本国颁发的专业证书的外国医生，在获得卫生部的许可后，在中国提供短期医疗服务。服务期限为6个月，并可延长至1年。合资医院和诊所的大多数医生和医务人员应具有中国国籍。

5. 广告服务

允许外国服务提供者仅限于以合资企业形式，在中国设立广告企业，外资不超过49%。中国加入后2年内，将允许外资拥有多数股权。中国加入后4年内，将允许设立外资独资子公司。

6. 管理咨询公司

仅限于合资企业形式，允许外资拥有多数股权。中国加入后6年内，取消限制，允许外国公司设立外资独资子公司。

三、服务贸易承诺的实际履行

中国履行加入WTO承诺的态度是认真负责的，所作出的努力和克服的困难也是有目共睹的。中国的总体投资环境随着中国加入WTO各项承诺的忠实履行而得到进一步的优化。加入WTO以来，中国服务业引进外资发展迅速。与制造业相比，服务业对外开放程度相对较高，外商在中国服务业的投资出现了许多突破性进展。在服务贸易比较发达的大城市，服务业对外资的吸引力更大，第三产业成了外商投资的新热点。其中分销、医疗、教育及房地产等行业的不断开放是吸引外资猛增的重要原因。

加入WTO后，中国服务贸易市场准入对外开放的领域不断扩大。根据社会经济形势发展的需要，中国在许多领域已提前开放，走在了加入世贸组织承诺时间表的前面，如外贸经营权、分销、证券、旅游等。

2015年2月14日国务院发布《国务院关于加快发展服务贸易的若干意见》。该意见指出："着力构建公平竞争的市场环境，促进服务领域相互投资，完善服务贸易政策支持体系，加快服务贸易自由化和便利化。""服务业利用外资和对外投资范围逐步扩大、质量和水平逐步提升。""进一步扩大服务业开放。探索对外商投资实行准入前国民待遇加负面清单的管理模式，提高利用外资的质量和水平。推动服务业扩大开放，推进金融、教育、文化、医疗等服务业领域有序开放，逐步实现高水平对内对外开放；放开育幼养老、建筑设计、会计审计、商贸物流、电子商务等服务业领域外资准入限制。积极参与多边、区域服务贸易谈判和全球服务贸易规则制定。建立面向全球的高标准自由贸易区网络，依托自由贸易区战略实施，积极推动服务业双向互惠开放。基本实现内地与港澳服务贸易自由化。推动大陆与台湾服务业互利开放。”

【法条指引】

中华人民共和国对外贸易法（节录）

第二十五条 国务院对外贸易主管部门和国务院其他有关部门，依照本法和其他有关法律、行政法规的规定，对国际服务贸易进行管理。

第二十八条 国务院对外贸易主管部门会同国务院其他有关部门，依照本法第二十六条、第二十七条和其他有关法律、行政法规的规定，制定、调整并公布国际服务贸易市场准入目录。

第三节 对国际服务贸易的管理

【规则要点】

中国着力完善服务贸易政策支持体系，加快服务贸易自由化和便利化。但也会对国际服务贸易强化管理，基于国家利益等原因可以限制或者禁止有关的国际服务贸易。

【理解与适用】

一、国际服务贸易管理部门

国际服务贸易涉及内容非常广泛，诸如，银行、保险、会计、律师、咨询、旅游等，各行业都有自己的法律、行政法规、部门规章，都有自己的主管部门。所以对外贸易法第25条规定："国务院对外贸易主管部门和国务院其他有关部门，依照本法和其他有关法律、行政法规的规定，对国际服务贸易进行管理。"

（一）商务部

商务部是国务院对外贸易主管部门。商务部负责对国际服务实行宏观和综合管理的工作，制定服务贸易的发展战略、方针、政策、规划并开展相关工作；制定与服务贸易相关的部门规章和促进服务出口的规划、政策并组织实施。负责全国服务贸易统计工作；负责全国服务贸易促进工作；指导服务贸易促进体系和服务贸易出口品牌建设的相关工作，推动服务贸易公共平台建设，组织相关促进活动；促进重点服务贸易领域出口。规范服务贸易经营秩序，指导服务贸易标准化体系建设。

（二）旅游行政管理部门

国务院旅游行政主管部门负责全国旅行社的监督管理工作。县级以上地方人民政府管理旅游工作的部门按照职责负责本行政区域内旅行社的监督管理工作。

外商投资企业申请经营旅行社业务，应当由所在地省、自治区、直辖市旅游行政管理部门审查批准。省、自治区、直辖市旅游行政管理部门应当自受理申请之日起30个工作日内审查完毕。予以许可的，颁发旅行社业务经营许可证；不予许可的，书面通知申请人并说明理由。

（三）银保监会

银保监会负责对外资保险公司实施监督管理。银保监会的派出机构根据中国银保监会的授权，对本辖区的外资保险公司进行日常监督管理。

设立外资保险公司，应当经中国银保监会批准。中国银保监会应当对设立外资保险公司的申请进行初步审查，自收到完整的申请文件之日起6个月内作出受理或者不受理的决定。决定受理的，发给正式申请表；决定不受理的，应当书面通知申请人并说明理由。申请人应当自接到正式申请表之日起1年内完成筹建工作；筹建工作完成后，申请人应当报中国银保监会审批。中国银保监会应当自收到设立外资保险公司完整的正式申请文件之日起60日内，作出批准或者不批准的决定。决定批准的，颁发经营保险业务许可证；决定不批准的，应当书面通知申请人并说明理由。

中国银保监会及其派出机构负责对外资银行及其活动实施监督管理。法律、行政法规规定其他监督管理部门或者机构对外资银行及其活动实施监督管理的，依照其规定。

设立外资银行及其分支机构，应当经银行业监督管理机构（即银保监会）审查批准。

（四）工业和信息化主管部门

国务院信息产业主管部门对全国电信业实施监督管理。设立外商投资电信企业经营省、自治区、直辖市范围内增值电信业务，由中方主要投资者向省、自治区、直辖市电信管理机构提出申请。省、自治区、直辖市电信管理机构应当自收到申请之日起60日内签署意见。同意的，转报国务院工业和信息化主管部门；不同意的，应当书面通知申请人并说明理由。国务院工业和信息化主管部门应当自收到省、自治区、直辖市电信管理机构签署同意的申请文件之日起30日内审查完毕，作出批准或者不予批准的决定。予以批准的，颁发《外商投资经营电信业务审定意见书》；不予批准的，应当书面通知申请人并说明理由。设立外商投资电信企业，按照国家有关规定，其投资项目需要经国务院发展改革部门核准的，国务院工业和信息化主管部门应当在颁发《外商投资经营电信业务审定意见书》前，将申请材料转送国务院发展改革部门核准。转送国务院发展改革部门核准的，审批期限可以延长30日。

（五）国务院司法行政部门

外国律师事务所在华设立代表机构、派驻代表，应当经国务院司法行政部门许可。

外国律师事务所申请在华设立代表机构，应当向拟设立的代表机构住所地的省、自治区、直辖市人民政府司法行政部门提出申请。省、自治区、直辖市人民政府司法行政部门应当自收到申请文件材料之日起3个月内审查完毕，并将审查意见连同文件材料报送国务院司法行政部门审核。国务院司法行政部门应当在6个月内作出决定，对许可设立的代表机构发给执业执照，并对其代表发给执业证书；对不予许可的，应当书面告知其理由。

二、对国际服务贸易的限制

中国基于下列原因，可以限制或者禁止有关的国际服务贸易：（1）为维护国家安全、社会公共利益或者公共道德，需要限制或者禁止的；（2）为保护人的健康或者安全，保护动物、植物的生命或者健康，保护环境，需要限制或者禁止的；（3）为建立或者加快建立国内特定服务产业，需要限制的；（4）为保障国家外汇收支平衡，需要限制的；（5）依照法律、行政法规的规定，其他需要限制或者禁止的；（6）根据我国缔结或者参加的国际条约、协定的规定，其他需要限制或者禁止的。

国务院对外贸易主管部门会同国务院其他有关部门，依法制定、调整并公布国际服务贸易市场准入目录。

中国对与军事有关的国际服务贸易，以及与裂变、聚变物质或者衍生此类物质有关的国际服务贸易，可以采取任何必要的措施，维护国家安全。在战时或者为维护国际和平与安全，国家在国际服务贸易方面可以采取任何必要的措施。

【法条指引】

中华人民共和国对外贸易法（节录）

第二十五条 国务院对外贸易主管部门和国务院其他有关部门，依照本法和其他有关法律、行政法规的规定，对国际服务贸易进行管理。

第二十七条 国家对与军事有关的国际服务贸易，以及与裂变、聚变物质或者衍生此类物质的物质有关的国际服务贸易，可以采取任何必要的措施，维护国家安全。

在战时或者为维护国际和平与安全，国家在国际服务贸易方面可以采取任何必要的措施。

第二十八条 国务院对外贸易主管部门会同国务院其他有关部门，依照本法第二十六条、第二十七条和其他有关法律、行政法规的规定，制定、调整并公布国际服务贸易市场准入目录。

第六章

进出口商品质量监督检验检疫制度

第一节　进出口商品质量监督检验检疫立法

【规则要点】

进出口商品检验法、进出境动植物检疫法、国境卫生检疫法是进出口商品质量监督检验检疫的主要法律依据。相应的配套行政法规、部门规章及规范性文件也发挥了重要作用。

【理解与适用】

中华人民共和国成立以来，中国在进出口商品质量监督检验检疫方面的法律制度从无到有，现已形成一个相当完备的法律体系。这一体系包含下列三个层次。

一、法律

由全国人大及其常委会审议批准的涉及进出口商品检验的法律包括：

1. 进出口商品检验法。该法共 6 章 41 条，包括总则、进出口商品检验、监督管理、法律责任和附则等。

2. 进出境动植物检疫法。

3. 国境卫生检疫法。

4. 对外贸易法第 3 章第 21 条明确规定："国家实行统一的商品合格评定制度，根据有关法律、行政法规的规定，对进出口商品进行认证、检验、检疫。”第23条规定：“对文物和野生动物、植物及其产品等，其他法律、行政法规有禁止或者限制进出口规定的，依照有关法律、行政法规的规定执行。”

二、国务院制定的行政法规

为保证全国人大立法的有效实施，由国务院颁发或批准发布进出口商品检验法实施条例，细化人大立法的管理原则，包括：

1. 《中华人民共和国进出口商品检验法实施条例》。
2. 《中华人民共和国进出境动植物检疫法实施条例》。
3. 《中华人民共和国国境卫生检疫法实施细则》等。

三、主管部门行政规章

根据国家颁布的检验检疫法律、实施条例（细则），主管部门发布了大量行政规章，以进一步细化规范具体操作行为。现行有效的部门规章主要有：《进出口商品检验鉴定机构管理办法》《进口汽车检验管理办法》等。

【法条指引】

中华人民共和国进出口商品检验法（节录）

第一条　为了加强进出口商品检验工作，规范进出口商品检验行为，维护社会公共利益和进出口贸易有关各方的合法权益，促进对外经济贸易关系的顺利发展，制定本法。

第三条　商检机构和经国家商检部门许可的检验机构，依法对进出口商品实施检验。

第四条　进出口商品检验应当根据保护人类健康和安全、保护动物或者植物的生命和健康、保护环境、防止欺诈行为、维护国家安全的原则，由国家商检部门制定、调整必须实施检验的进出口商品目录（以下简称目录）并公布实施。

中华人民共和国进出境动植物检疫法（节录）

第一条 为防止动物传染病、寄生虫病和植物危险性病、虫、杂草以及其他有害生物（以下简称病虫害）传入、传出国境，保护农、林、牧、渔业生产和人体健康，促进对外经济贸易的发展，制定本法。

第二条 进出境的动植物、动植物产品和其他检疫物，装载动植物、动植物产品和其他检疫物的装载容器、包装物，以及来自动植物疫区的运输工具，依照本法规定实施检疫。

中华人民共和国国境卫生检疫法（节录）

第一条 为了防止传染病由国外传入或者由国内传出，实施国境卫生检疫，保护人体健康，制定本法。

第二条 在中华人民共和国国际通航的港口、机场以及陆地边境和国界江河的口岸（以下简称国境口岸），设立国境卫生检疫机关，依照本法规定实施传染病检疫、监测和卫生监督。

第二节 进出口商品检验检疫范围与方式

【规则要点】

检验检疫分为法定检验检疫和非法定检验检疫两大部分。法定检验检疫有明确具体的范围，非法定检验检疫则主要由当事人自行确定。检验方式可分为进口商品装运前检验和出口预检及复验等。

【理解与适用】

一、检验检疫范围

进出口商品检验检疫主要分为法定检验检疫和非法定检验检疫两大部分。所谓法定检验检疫是指依法必须实施的进出口商品检验检疫，即确定列入《出入境检验检疫机构实施检验检疫的进出境商品目录》（简称《检验检疫商品目录》）的进出口商品是否符合国家技术规范的强制性要求的合格评定活动。按照商品检验法的规定，凡属列入必须实施检验的进出口商品目录的进口商品，未经检验或检验不合格的，不准销售，不准使用；凡属法定检验的出口商品，未经检验或检疫不合格的，不准出口。

实施法定检验的目的在于“保护人类健康和安全、保护动物或者植物的生命和健康、保护环境、防止欺诈行为、维护国家安全”。通过实施法定检验制度，可以强化对进出口商品的质量控制，维护中国对外履约信誉，维护国家和对外贸易当事人的合法权益，保障人类的身体健康。

（一）法定检验检疫范围

在过去长期的对外贸易实践中，中国进出口商品法定检验的范围主要有下列几类：(1) 列入由国家商检局制定的《商检机构实施检验的进出口商品种类表》（简称《种类表》）的商品。《种类表》由国家商检局依法制定，并根据对外贸易的需要和进出口商品的实际情况，不定期予以调整。(2) 根据《中华人民共和国进出境动植物检疫法》和《中华人民共和国食品卫生法》必须进行商检的出口食品和进出境的动植物。(3) 对装运出口易腐烂变质食物、冷冻品的船舱、集装箱等装运工具的装运技术条件的检验。(4) 对出口危险货物包装容器的性能进行鉴定。(5) 根据有关国际条约规定须经商检机构检验的进出口商品。(6) 根据中国其他法律、法规规定必须经商检机构检验的进出口商品。此外，还包括对外贸易合同内规定由商检机构检验出证的进出口商品。

为适应中国机构改革的需要，参照国际上通行的做法，同时避免过去法定检验范围多套体系内部的不协调和执法的困难，从 2002 年 1 月 1 日起，中国将过去长期使用规范法定检验范围的《种类表》的名称修改为必须实施检验的进出口商品目录，即实现“三表合一”，将《进出口商品检验种类表》《进出境动植物检疫商品与 HS 目录对照表》《进口卫生监督检验食品与 HS 目录对照表》合并修改为《出入境检验检疫机构实施检验检疫的进出境商品目录》。该法定检验目录的统一实施，明确了中国现行法定检验检疫的范围。

（二）非法定检验检疫范围

非法定检验检疫主要指法定检验检疫之外的检验检疫。对未列入法定检验目录的进出口商品是否需要由商检机构进行检验检疫，由对外贸易关系人和当事人自行决定。对这类进出口商品，商检机构可凭对外贸易合同的约定或依有关当事人的申请进行检验，也可由当事人自行检验，这类检验又可归类为委托检验，即检验检疫机构接受当事人的委托，对进出口商品实施检验并出具商检证书。

二、检验方式

对进出口商品的检验检疫可以分为进口商品装运前检验和出口预检及复验等。

（一）装运前检验

装运前检验，是指雇用专业私人公司（或“独立实体”）检查从海外定购的产品的具体装载情况，包括价格、数量和质量。这一做法是发展中国家政府使用的，目的是保护国家的财政利益（如防止资本流失、商业欺诈及逃避关税等），并弥补管理基础设施的不足。这里的装运前检验被赋予特定的含义，WTO 还为此达成了《装运前检验协议》，规定 GATT 原则和义务适用于政府授权的装运前检验机构的活动，包括非歧视、透明度、保护商业信息、避免不合理的延误、价格审核原则及装运前检验机构避免利益冲突等。事实上，在国际贸易活动中，进口方早就依靠装运前检验来保证进口货物的质量和数量符合销售合同的具体要求，防范海事欺诈，维护买方的权益。中国曾一度“洋垃圾”泛滥，为此，中国实施对进口废物原料装运前检验与口岸堵查相结合的措施。

（二）出口预检及复验

为加强对出口商品的质量监督管理，进出口商品检验法第 20 条规定：“商检机构根据便利对外贸易的需要，可以按照国家规定对列入目录的出口商品进行出厂前的质量监督管理和检验。”这一制度有利于从源头抓起，切实把好出口商品质量关，是一种便利出口贸易的灵活做法。应出口申请人的要求，检验检疫机构对拟出口的货物根据需要和可能进行预先检验检疫，可以使不合格的商品及时返工或换货，使出口企业及时改进生产，加强质量监督管理，以免不合格产品造成库存积压和其他损失。出口预检不失为一种防患于未然的积极制度，但出口贸易实践的千变万化，很可能会造成实际部门的操作困难，出现复验或重验，增加企业的额外负担。

所谓复验是针对初检（第一次检验）而言的。根据我国进出口商品检验法的规定，其指进出口商品的报验人对商检机构出具的检验检疫结果有异议时，向原出证机构或上级商检机构以致国家质检总局申请重新检验的制度。申请复验的报验人应为第一次申请检验检疫的报验人，并应当在收到商检机构检验证书后 15 日内向作出检验结果的商检机构或上级商检机构申请复验。复验结果与原检结果不一致时，如属原检机构责任的，其复验费用由原检机构负担。

在对外贸易活动中，商检机构接受复验还会出现另一种情况，即对外贸易的关系人（买方或卖方）申请复验。按照西方国家有关法律的解释，“交货”“收到货物”“接受货物”三个词的法律意义是有重大区别的。在一笔交易中，卖方依照合同的规定履行装运的义务谓之为“交货”，但实际上，这时卖方还只是交出了代表货物所有权的单据，买方并未了解货物的真实情况，所以不能认为他已经接受了该批货物。货物到达目的地之后，承运人（船方）通知收货人提取货物，收货人从船方提取货物称之为“收到货物”。买方收到货物也并非接受了货物，他还要有一个合理查看检验货物的时间，以确定所收取的货物是否与合同相符，以便决定接受或拒收货物。因此，接受货物不仅仅是收到货物，而是对货物的品质、规格、数量等符合合同的规定表示确认的一种行为。可见，一项对外贸易合同的履行，一般必须经过三个必要的环节，即：交货（装运）→收到货物→接受货物。其中在接受货物之前对货物进行查看检验的行为称之为“复验”。

国外有关的法律和惯例一般都赋予买方对货物复验的权利，如发现其复验结果与合同规定不一致时可以拒收货物或者提出损害赔偿。所以，有学者指出：“不论买卖双方在交易中采取的是哪一种贸易条件（价格术语），也不论是按离岸品质、离岸数（重）量或到岸品质、到岸数（重）量为准，买方都应有机会对货物进行检验，这是买方的一项不可剥夺的基本权利。”在中国对外贸易中，对这一类检验除法定检验检疫范围外，应按照委托鉴定申请复验。

【风险提示】

法定检验检疫范围内的进出口商品，必须依法进行检验检疫后方可进口或者出口，否则要承担相应的法律后果。非法定的检验检疫范围内的进出口商品则主要由当事人自行决定。

【相关案例】

徐某某诉敬某某、浙江淘宝公司网络购物合同纠纷案

徐某某在敬某某经营的淘宝网络交易平台网店中购买了俄罗斯进口奶粉。根据《进出口食品安全管理办法》的规定，对向中国境内出口食品的境外食品生产企业实施注册制度。经查询，中国国家认证认可监督管理委员会发布的《进口食品境外生产企业注册专栏》，在“进口乳品境外生产企业注册名单”中未查见“俄罗斯”，敬某某也无法提供进口食品应具备的全部检验检疫等资料。徐某某认为敬某某销售的前述食品系未经检验检疫的食品，同时，淘宝公司作为网络服务提供者未对进入其平台销售的商品进行审核，对交易服务平台的监管存在过错，故诉至法院。

2017 年 9 月 11 日，上海铁路运输法院作出判决，判令被告敬某某退还原告徐某某货款 5043.50 元及赔偿 50435 元。

【法条指引】

中华人民共和国进出口商品检验法（节录）

第四条 进出口商品检验应当根据保护人类健康和安全、保护动物或者植物的生命和健康、保护环境、防止欺诈行为、维护国家安全的原则，由国家商检部门制定、调整必须实施检验的进出口商品目录（以下简称目录）并公布实施。

第五条 列入目录的进出口商品，由商检机构实施检验。

前款规定的进口商品未经检验的，不准销售、使用；前款规定的出口商品未经检验合格的，不准出口。

本条第一款规定的进出口商品，其中符合国家规定的免予检验条件的，由收货人或者发货人申请，经国家商检部门审查批准，可以免予检验。

第八条 经国家商检部门许可的检验机构，可以接受对外贸易关系人或者外国检验机构的委托，办理进出口商品检验鉴定业务。

中华人民共和国进出口商品检验法实施条例（节录）

第三条　海关总署应当依照商检法第四条规定，制定、调整必须实施检验的进出口商品目录（以下简称目录）并公布实施。

目录应当至少在实施之日30日前公布；在紧急情况下，应当不迟于实施之日公布。

海关总署制定、调整目录时，应当征求国务院对外贸易主管部门等有关方面的意见。

第四条　出入境检验检疫机构对列入目录的进出口商品以及法律、行政法规规定须经出入境检验检疫机构检验的其他进出口商品实施检验（以下称法定检验）。

出入境检验检疫机构对法定检验以外的进出口商品，根据国家规定实施抽查检验。

第三节　进出口商品检验检疫程序和检验证书

【规则要点】

进出口商品检验检疫程序可划分为4个主要环节，即：报检→抽样→检验（疫）→签证。检验检疫机构对进出口商品依法检验合格之后签发商检证书。

【理解与适用】

商检机构在进行进出口商品的检验检疫时应依据一定的技术标准，并遵守相应的技术规则。技术标准是至关重要的，它是认定检验检疫对象是否符合规定要求的准则。关于检验检疫的依据，进出口商品检验法第7条明确规定："列入目录的进出口商品，按照国家技术规范的强制性要求进行检验；尚未制定国家技术规范的强制性要求的，应当依法及时制定，未制定之前，可以参照国家商检部门指定的国外有关标准进行检验。"这里的国家技术规范应指国内标准，包括：国家标准、行业标准、地方标准、企业标准。国际标准指国际标准化组织（ISO）等机构制定的标准，在特定条件下也可作为检验检疫的依据。

一、检验检疫程序

进出口商品检验检疫程序可划分为4个主要环节，即：报检→抽样→检验（疫）→签证。

（一）报检

《出入境检验检疫报检规定》对入境货物和出境货物的报检范围、报检时限、报检地点等内容分别作了规定。

1. 报检范围

（1）国家法律法规规定须经检验检疫的；

（2）输入国家或地区规定必须凭检验检疫证书方准入境的；

（3）有关国际条约规定须经检验检疫的；

（4）申请签发原产地证明书及普惠制原产地证明书的。

2. 报检时限和地点

对入境货物，应在入境前或入境时向入境口岸、指定的或到达站的海关办理报检手续。入境货物须对外索赔出证的，应在索赔有效期前不少于20天内向到货口岸或货物到达地的海关报检。入境的运输工具及人员应在入境前或入境时申报。出境的运输工具和人员应在出境前向口岸海关报检或申报。

输入微生物、人体组织、生物制品、血液及其制品或种畜、禽及其精液、胚胎、受精卵的，应当在入境前30天报检。需隔离检疫的出境动物在出境前60天预报，隔离前7天报检。输入其他动物的，应当在入境前15天报检。

输入植物、种子、种苗及其他繁殖材料的，应当在入境前7天报检。

出境货物最迟应于报关或装运前7天报检，对于个别检验检疫周期较长的货物，应留有相应的检验检疫时间。

3. 入境报检要求

入境报检时，应填写入境货物报检单并提供合同、发票、提单等有关单证。

入境报检应当符合下列要求：

（1）国家实施许可制度管理的货物，应提供有关证明。

（2）品质检验的还应提供国外品质证书或质量保证书、产品使用说明书及有关标准和技术资料；凭样成交的，须加附成交样品；以品级或公量计价结算的，应同时申请重量鉴定。

（3）报检入境废物原料时，还应当取得装运前检验证书；属于限制类废物原料的，应当取得进口许可证明。海关对有关进口许可证明电子数据进行系统自动比对验核。

（4）申请残损鉴定的还应提供理货残损单、铁路商务记录、空运事故记录或海事报告等证明货损情况的有关单证。

（5）申请重（数）量鉴定的还应提供重量明细单、理货清单等。

（6）货物经收、用货部门验收或其他单位检测的，应随附验收报告或检测结果以及重量明细单等。

（7）入境的国际旅行者，国内外发生重大传染病疫情时，应当填写出入境检疫健康申明卡。

（8）入境的动植物及其产品，在提供贸易合同、发票、产地证书的同时，还必须提供输出国家或地区官方的检疫证书；须办理入境检疫审批手续的，还应当取得入境动植物检疫许可证。

（9）过境动植物及其产品报检时，应持货运单和输出国家或地区官方出具的检疫证书；运输动物过境时，还应当取得海关总署签发的动植物过境许可证。

（10）报检入境运输工具、集装箱时，应提供检疫证明，并申报有关人员健康状况。

（11）入境旅客、交通员工携带伴侣动物的，应提供入境动物检疫证书及预防接种证明。

（12）因科研等特殊需要，输入禁止入境物的，应当取得海关总署签发的特许审批证明。

（13）入境特殊物品的，应提供有关的批件或规定的文件。

4. 出境报检要求

出境报检时，应填写出境货物报检单并提供对外贸易合同（售货确认书或函电）、发票、装箱单等必要的单证。

出境报检时除按《出入境检验检疫报检规定》第 11 条规定办理外，

还应当符合下列要求：

（1）国家实施许可制度管理的货物，应提供有关证明。

（2）出境货物须经生产者或经营者检验合格并加附检验合格证或检测报告；申请重量鉴定的，应加附重量明细单或磅码单。

（3）凭样成交的货物，应提供经买卖双方确认的样品。

（4）出境人员应向海关申请办理国际旅行健康证明书及国际预防接种证书。

（5）报检出境运输工具、集装箱时，还应提供检疫证明，并申报有关人员健康状况。

（6）生产出境危险货物包装容器的企业，必须向海关申请包装容器的性能鉴定。生产出境危险货物的企业，必须向海关申请危险货物包装容器的使用鉴定。

（7）报检出境危险货物时，应当取得危险货物包装容器性能鉴定结果单和使用鉴定结果单。

（8）申请原产地证明书和普惠制原产地证明书的，应提供商业发票等资料。

（9）出境特殊物品的，根据法律法规规定应提供有关的审批文件。

（二）抽样→检验（疫）→签证

商检机构在依法接受报验后，即依照有关具体操作程序规定抽样并依照国家技术规范进行检验检疫，待检验检疫结果出来后，凡法定检验检疫出境货物，经检验检疫合格后，签发“出境货物通关单”，作为海关验放货物的依据。凡法定检验检疫的入境货物，经检验检疫合格后，签发“入境货物通关单”，还应分别在通关单上加盖检验检疫专用章。对未列入法定检验目录范围的进出口货物，则依照对外贸易关系人申请和要求及国家相关规定办理。

二、检验证书

检验检疫机构对进出口商品依法检验合格之后签发商检证书，通常正本一份和若干份副本，正本具有法律效力。中国检验检疫机构签发的检验证书主要有：

（1）品质检验证书；

（2）数（重）量检验证书；
（3）包装检验证书；
（4）兽医检验证书；
（5）卫生（健康）证书；
（6）消毒检验证书；
（7）产地证明书；
（8）价值证明书；
（9）残损证书；
（10）货载衡量证书等。

【风险提示】

有关当事人应当注意报检范围、报检时限、报检地点，并按规定提交相关单据。报检后30天内未联系检验检疫事宜的，作自动撤销报检处理。超过检验检疫有效期限的、变更输入国家或地区，并又有不同检验检疫要求的改换包装或重新拼装的已撤销报检的均应重新报检。

【相关案例】

中包货运代理公司不服首都机场出入境局检验行政处罚案

2012年7月24日，原告中包货运代理公司受他人委托，代为办理“通用视频会议管理服务器”的出入境检验检疫相关事宜。当日，原告在被告首都机场出入境局的电子申报系统（非法检系统）中录入相关信息，并获得该系统反馈的回执。2012年7月26日，原告向被告现场报检，同时提交了进口货物报关单以及货物的发票、运单。2012年7月27日，被告对上述服务器进行了检验检疫。经查验，被告确认该货物加贴“3c”标识，属国家规定必须经过认证的进出口商品。2012年7月31日，原告向被告提交了通用视频会议管理服务器的《强制性产品认证证书》及相关材料后，被告对原告的上述行为履行了立案、调查、告知等程序，并于2012年8月17日作出《行政处罚决定书》，以原告存在瞒报行为为由，根据进出口商品检验法实施条例第48条的规定，对原告处以人民币19760元的罚款。原告不服，向被告的上级机关申请行政复议。2012 年 10 月 9 日，复议机关作出《行政复议决定书》，维持了被告作出的《行政处罚决定书》。原告仍不服，向北京市顺义区人民法院提起行政诉讼。

北京市顺义区人民法院经审理认为：因进出口商品检验法及进出口商品检验法实施条例均将“验证”作为调整内容之一，故结合立法本意可以看出，验证是一种检验形式。进出口商品检验法实施条例第 4 条第 1 款规定：“出入境检验检疫机构对列入目录的进出口商品以及法律、行政法规规定须经出入境检验检疫机构检验的其他进出口商品实施检验（以下称法定检验）。”但因进出口商品检验法实施条例第 10 条、第 16 条第 2 款已经明确对此类国家规定必须经过认证的进出口商品实行验证管理，收货人应申请验证，故验证商品属于行政法规规定须经出入境检验检疫机构检验的其他进出口商品，即法定检验商品。本案中，原告对法定检验的进口商品未依法报检，而是在电子申报系统中进行申报，其客观上逃避进出口商品检验的行为已经完成，被告在履行立案、调查、审批、告知等程序后，依照进出口商品检验法实施条例第 48 条第 1 款的规定对原告作出处罚决定并进行送达，其主要执法程序合法，认定事实清楚，适用法律正确，处罚幅度适当。原告的诉讼请求缺乏事实及法律依据，不予支持。

【法条指引】

中华人民共和国进出口商品检验法（节录）

第十二条　本法规定必须经商检机构检验的进口商品的收货人或者其代理人，应当在商检机构规定的地点和期限内，接受商检机构对进口商品的检验。商检机构应当在国家商检部门统一规定的期限内检验完毕，并出具检验证单。

第十五条　本法规定必须经商检机构检验的出口商品的发货人或者其代理人，应当在商检机构规定的地点和期限内，向商检机构报检。商检机构应当在国家商检部门统一规定的期限内检验完毕，并出具检验证单。

第十六条　经商检机构检验合格发给检验证单的出口商品，应当在商检机构规定的期限内报关出口；超过期限的，应当重新报检。

中华人民共和国进出口商品检验法实施条例（节录）

第十一条 进出口商品的收货人或者发货人可以自行办理报检手续，也可以委托代理报检企业办理报检手续；采用快件方式进出口商品的，收货人或者发货人应当委托出入境快件运营企业办理报检手续。

第十二条 进出口商品的收货人或者发货人办理报检手续，应当依法向出入境检验检疫机构备案。

第十三条 代理报检企业接受进出口商品的收货人或者发货人的委托，以委托人的名义办理报检手续的，应当向出入境检验检疫机构提交授权委托书，遵守本条例对委托人的各项规定；以自己的名义办理报检手续的，应当承担与收货人或者发货人相同的法律责任。

出入境快件运营企业接受进出口商品的收货人或者发货人的委托，应当以自己的名义办理报检手续，承担与收货人或者发货人相同的法律责任。

委托人委托代理报检企业、出入境快件运营企业办理报检手续的，应当向代理报检企业、出入境快件运营企业提供所委托报检事项的真实情况；代理报检企业、出入境快件运营企业接受委托人的委托办理报检手续的，应当对委托人所提供情况的真实性进行合理审查。

第四节 进出口商品的监督管理

【规则要点】

规范进出口商品行为，维护社会公共利益和进出口贸易有关各方的合法权益，促进对外经济贸易关系的顺利发展，中国对进出口商品进行适当的监督管理，如认证管理、质量许可管理、卫生注册登记管理、标志标识管理等。

【理解与适用】

一、认证管理

进出口商品检验法规定，国务院认证认可监督管理部门根据国家统一的认证制度，对有关的进出口商品实施认证管理。认证机构可以根据国务院认证认可监督管理部门同外国有关机构签订的协议或者接受外国有关机构的委托进行进出口商品质量认证工作，准许在认证合格的进出口商品上使用质量认证标志。

进出口商品检验法实施条例进一步规定，出入境检验检疫机构依照商检法的规定，对实施许可制度和国家规定必须经过认证的进出口商品实行验证管理，查验单证，核对证货是否相符。实行验证管理的进出口商品目录，由海关总署商有关部门后制定、调整并公布。

二、质量许可管理

进出口商品质量许可管理是国家根据相关法律法规对涉及安全、卫生和环境保护、劳动保护等重要进出口商品实施的一种监督管理措施。实施进口安全质量许可的进口商品，必须获得“进口商品安全质量许可证书”，并在商品上加贴被批准使用的安全认证标志后，方准进口销售。实施出口质量许可制度的出口商品，也必须获取相应的证书后，方准出口。这一制度属于强制性安全认证制度，也是国际上广泛采用的保护消费者利益、维护人身财产安全和环境保护的基本做法。

中国于1989年依据《中华人民共和国进出口商品检验法》《中华人民共和国进出口商品检验法实施条例》和《进口商品质量监督管理办法》，开始实施进口商品安全质量许可制度。首批列入该制度目录的有汽车发动机、摩托车发动机、电冰箱压缩机、空调器、空调器压缩机、电视机和显像管等7类商品。1995年9月4日，中国发布《第二批实施安全质量许可制度的进口商品目录》，共有38类商品。为加强出口商品生产企业的质量管理，提高出口产品的质量，从1983年开始，原国家商检局会同国务院有关工业主管部门分别对机械、电子、汽车、纺织机械、陶瓷、玩具、煤炭等重要出口商品实施了出口商品质量许可证制度。

三、卫生注册登记管理

各国政府为了维护本国的经济利益和保护消费者的健康，不断加大对食品安全卫生的管理力度。世界上一些发达国家甚至把过去对食品最终成品的检验逐步转变为对食品从农场到餐桌整个过程的控制。为促进中国食品出口，从20世纪80年代开始，中国建立并不断完善了与国际食品卫生管理接轨的出口食品加工企业卫生注册登记制度，对出口食品及其生产企业（包括加工工厂、屠宰场、冷库、仓库）实施卫生注册登记。面对近年来世界主要发达国家或地区以安全卫生为由设置的越来越严厉的检验检疫的严峻形势，中国检验检疫部门在实施出口企业卫生注册登记管理的基础上严格把关，推荐符合进口国要求的企业向国外注册。进出口商品检验法实施条例明确规定，国家对进出口食品生产企业实施卫生注册登记管理。获得卫生注册登记的出口食品生产企业，方可生产、加工、储存出口食品。获得卫生注册登记的进出口食品生产企业生产的食品，方可进口或者出口。实施卫生注册登记管理的进口食品生产企业，应当按照规定向海关总署申请卫生注册登记。实施卫生注册登记管理的出口食品生产企业，应当按照规定向出入境检验检疫机构申请卫生注册登记。出口食品生产企业需要在国外卫生注册的，依照有关规定进行卫生注册登记后，由海关总署统一对外办理。

进口或者出口国家实行卫生注册登记管理而未获得卫生注册登记的生产企业生产的食品的，由出入境检验检疫机构责令停止进口或者出口，没收违法所得，并处商品货值金额10%以上50%以下罚款。已获得卫生注册登记的进出口食品生产企业，经检查不符合规定要求的，由海关总署或者出入境检验检疫机构责令限期整改；整改仍未达到规定要求或者有其他违法行为，情节严重的，吊销其卫生注册登记证书。

四、标志标识管理

标志标识管理，是指检验检疫机构对检验检疫合格的进出口商品加施商检标志，并根据需要加施封识的一种强制性管理制度。检验检疫标志即指检验检疫机构根据国家法律、法规及有关国际条约、双边协定，加施在经检验检疫合格的进出口商品上的证明性标记。所谓封识则指检验检疫机构在出入境检验检疫工作中实施具有强制力和约束力的封存和控制措施而使用的专用标识。中国于2000年4月3日发布《出入境检验检疫封识管理办法》，该办法于同年5月1日起施行，2018年4月28日对此进行了修正。为适应WTO协议和国际通行规则，完善和规范中国的强制性产品认证标志管理，从2003年5月1日起，中国原有的“长城”标志和“CCIB”

标志停止使用，所有列入国家强制性产品认证目录的产品，统一使用新的“中国强制认证”，即“CCC”认证标志。凡列入强制性产品认证目录内的产品，没有按规定加施“CCC”认证标志的，一律不得进口，不得出厂销售和在经营服务场所使用。

【风险提示】

认证管理、质量许可管理、卫生注册登记管理、标志标识管理能够比较有效地保护国际贸易各方当事人的合法利益，有关当事人应当注意利用好上述监督规定。

【法条指引】

中华人民共和国进出口商品检验法（节录）

第二十条 商检机构根据便利对外贸易的需要，可以按照国家规定对列入目录的出口商品进行出厂前的质量监督管理和检验。

第二十四条 国务院认证认可监督管理部门根据国家统一的认证制度，对有关的进出口商品实施认证管理。

第二十五条 认证机构可以根据国务院认证认可监督管理部门同外国有关机构签订的协议或者接受外国有关机构的委托进行进出口商品质量认证工作，准许在认证合格的进出口商品上使用质量认证标志。

第二十七条 商检机构根据需要，对检验合格的进出口商品，可以加施商检标志或者封识。

中华人民共和国进出口商品检验法实施条例（节录）

第三十一条 出入境检验检疫机构根据便利对外贸易的需要，可以对列入目录的出口商品进行出厂前的质量监督管理和检验。

出入境检验检疫机构进行出厂前的质量监督管理和检验的内容，包括对生产企业的质量保证工作进行监督检查，对出口商品进行出厂前的检验。

第三十二条 国家对进出口食品生产企业实施卫生注册登记管理。获得卫生注册登记的出口食品生产企业，方可生产、加工、储存出口食品。获得卫生注册登记的进出口食品生产企业生产的食品，方可进口或者出口。

实施卫生注册登记管理的进口食品生产企业，应当按照规定向海关总署申请卫生注册登记。

实施卫生注册登记管理的出口食品生产企业，应当按照规定向出入境检验检疫机构申请卫生注册登记。

出口食品生产企业需要在国外卫生注册的，依照本条第三款规定进行卫生注册登记后，由海关总署统一对外办理。

第三十三条 出入境检验检疫机构根据需要，对检验合格的进出口商品加施商检标志，对检验合格的以及其他需要加施封识的进出口商品加施封识。具体办法由海关总署制定。

第七章

关税制度

海关关税制度与一国贸易经济活动历来不可分割，尤其是在经济国际化、全球化的今天，这种关系显得更为密切。本章重点介绍关税立法、海关税则制度以及中国海关对进出口货物的关税征收及减免制度。

第一节　关税立法

【规则要点】

海关法是中国海关税收的基本法律。进出口关税条例是关税法律的基本法规，是制定关税政策的法律依据。中国海关总署为实施海关法、进出口关税条例以及其他有关法律、行政法规的规定而制定了相应的部门规章，如《中华人民共和国海关进出口货物征税管理办法》和《中华人民共和国海关审定进出口货物完税价格办法》等。

【理解与适用】

关税法律制度的基本内容有：关税税率、关税的征收、关税的优惠、关税退补及纳税争议解决等。

海关法是中国海关税收的基本法律，该法于 1987 年 1 月 22 日第六届全国人大常委会第十九次会议审议通过，后经多次修改完善。该法规定了中国关税征缴双方的法律地位、关税征收、关税减免、关税保全措施、关税追缴、退补及发生争议后的解决方式等基本制度。

进出口关税条例是关税法律的基本法规，是制定关税政策的法律依据。该条例于2003年11月23日由国务院令第392号公布，2013年、2016年、2107年分别进行了修改。条例共6章67条，主要内容包括总则、进出口货物关税税率的设置和适用、进出口货物完税价格的确定、进出口货物关税的征收、进境物品进口税的征收、附则等。

《中华人民共和国海关进出口税则》是中国国务院批准的、按照商品类别排列的商品分类目录和税率表，是进出口关税条例的组成部分。中国现行的海关进出口税则是以国际上通用的《商品名称及编码协调制度》为基础，根据中国对外贸易的实际情况和国民经济发展的需要以及产业政策加列子目录，并制定不同的税率。在实践中，按照进出口商品的性质、用途、功能或者加工程度等，将商品准确地归入《商品名称及编码协调制度》中与之对应的类别和编码，即“商品归类”（商品对应的协调制度编码即是HSCode）。国际通用的HSCode为6位编码，中国根据本国实际，使用的是10位编码。其中，前6位是国际通用的，第7位、第8位为“本国子目”，第9位、第10位是在实际进出口报关中附加的编号（中国多次调整“本国子目”，现行的《中华人民共和国进出口税则本国子目注释》为2013年版）。一切进出口货物进出中国海关时，由中国海关按照上述归类原则，确定货物适用的税目及税率，依法进行征收。

《中华人民共和国海关进出口货物征税管理办法》和《中华人民共和国海关审定进出口货物完税价格办法》等规范性文件是中国海关总署为实施海关法、进出口关税条例以及其他有关法律、行政法规的规定而制定的有关关税征收和完税价格确定的部门规范性文件。《中华人民共和国海关进出口货物征税管理办法》适用于进出口关税征收和进口环节海关代征税的征收。《中华人民共和国海关审定进出口货物完税价格办法》是对进出口货物税款征收中完税价格确定作出规定的具体规范，如进口货物完税价格确定方法、成交价格估价方法、成交价格的调整项目、特殊进口货物的完税价格等。

需要指出的是，中国海关总署还制定了许多规范性文件，对关税税率、关税减免等进行调整。国务院关税税则委员会则负责《中华人民共和国海关进出口税则》和《中华人民共和国进境物品进口税税率表》的税目、税则号列和税率的调整和解释，报国务院批准后执行；决定实行暂定税率的货物、税率和期限；决定关税配额税率；决定征收反倾销税、反补贴税、保障措施关税、报复性关税以及决定实施其他关税措施；批准有关国家、地区适用税则优惠税率的方案。

【法条指引】

中华人民共和国海关法（节录）

第一条 为了维护国家的主权和利益，加强海关监督管理，促进对外经济贸易和科技文化交往，保障社会主义现代化建设，特制定本法。

第五十三条 准许进出口的货物、进出境物品，由海关依法征收关税。

中华人民共和国进出口关税条例（节录）

第一条 为了贯彻对外开放政策，促进对外经济贸易和国民经济的发展，根据《中华人民共和国海关法》（以下简称《海关法》）的有关规定，制定本条例。

第二条 中华人民共和国准许进出口的货物、进境物品，除法律、行政法规另有规定外，海关依照本条例规定征收进出口关税。

第三条 国务院制定《中华人民共和国进出口税则》（以下简称《税则》）、《中华人民共和国进境物品进口税税率表》（以下简称《进境物品进口税税率表》），规定关税的税目、税则号列和税率，作为本条例的组成部分。

第二节　海关税则制度

【规则要点】

关税可以从不同的角度进行分类。根据国家征收关税的目的，可分为财政关税和保护关税；根据国家征收关税的货物流向，可划分为进口关税、出口关税及过境关税；根据国家制定关税法规的立法性质，可分为自主关税和协定关税。

中国税则制度实行自主协定的复式税则，进出口税则合一，但进出口税率分列。进口税实行复式税则，出口税则列在进口税则之后，实行单式税则制。海关估价则是指海关为征收关税，确定进口货物完税价格的程序。

【理解与适用】

关税，是指一国政府设置的海关根据国家制定的海关法律法规，对进出口货物经过一国关境时，对货物的所有人课征的一种税收。关税措施是一国对外贸易管理措施中使用最古老、最普遍的调控手段。因此，人们形象地将关税措施谓之为“关税壁垒”，意指关税措施像一堵墙一样，可以阻挡他国产品进入本国，从而达到保护本国产业和市场的目的。

第二次世界大战后重建国际经济秩序，各国有识之士意识到高关税的危害性，高关税并不一定能起到保护的作用，而且往往适得其反。可以说，“低关税”甚至“零关税”代表了未来国际贸易的发展趋势。

一、关税的分类

从不同的角度进行分类，关税有不同的称谓，其表现形式也不一致，但实质都是海关向进出口货物的所有人依法课征的一种税收。

（一）根据国家征收关税的目的，可分为财政关税和保护关税

所谓财政关税，是指以增加国家财政收入为主要目的而征收的关税，而保护关税则特指以保护本国经济特别是本国民族工业和市场为主要目的而征收的关税。海关依法征收的关税都要上交国库，无疑会增加国家财政收入，因而也无法将上述两者截然分开。这里所强调的是，一国在考虑征收财政关税时，由于低税率有助于外国货物的进口，扩大税基，所以一国基于增加财政收入目的而征收的财政关税的税率通常比较低。而保护关税的税率在一般情况下则是比较高的，有时甚至高达百分之几百，这取决于一国对本国民族工业的保护程度。由于经济发展水平的差异，发展中国家实施保护关税的目的主要是保护本国幼稚产业的发展，限制外国有竞争优势货物的进入，培植和保护民族经济。而发达国家实施保护关税则主要是为垄断国内市场，转嫁和平衡国内矛盾，保护国内没有竞争优势的弱质产业，以便获取高额垄断利润。

（二）根据国家征收关税的货物流向，可划分为进口关税、出口关税及过境关税

进口关税指一国海关对输入本国境内的商品征收的关税。它是一国实施关税措施并由海关依法征管的最为主要的内容。除正常的进口关税外，海关还依法代收“进口环节增值税”“进口调节税”“进口附加税”等。由于进口关税属于间接税的范畴（转移于消费者），直接影响进口商品的价格和对消费者的负担，所以进口关税税率的高低对征税国的经济有着重大影响。

出口关税则是一国海关对本国输出境外的商品征收的关税。在“奖出限入”政策的驱动下，世界上大多数国家已相继削减甚至取消了本国的出口关税，因征收出口关税虽然在一定范围和程度上增加了财政收入，但最终必然导致出口商品综合成本的提高，降低和削减出口产品的竞争力，不利于出口。目前，一国征收出口关税的产品主要限于应受保护的本国资源、本国独有产品、在国际市场上具有垄断地位的产品以及为防止本国产品在国际市场上低价倾销而采取积极措施所针对的特定产品等。对上述种类产品征收出口关税可产生一定的积极作用，既可防止国内资源的严重流失，增加国家财政收入，又可保证本国经济的可持续发展及国内生产的需要，同时一般也不会减少出口。

过境关税指一国海关对经过该国关境而输往他国的外国商品征收的一种关税。征收过境关税直接导致过境货物价格上涨，不利于国际贸易的发展，从而又直接影响征收过境关税国家的货运业务收入。因此，当今世界大多数国家都放弃征收过境关税，即使征收，其实际关税税率也非常低，或仅以征收少许签证费、印花税、准许费等方式而取而代之，以鼓励外国货物过境。但对过境的外国货物一般都实行严格的监管措施，严防过境的外国货物流入国内市场。

（三）根据国家制定关税法规的立法性质，可分为自主关税和协定关税

自主关税指一国政府完全独立自主制定本国关税法规并据以征收的关税。而协定关税则是指一国政府根据与他国签订的双边或多边贸易协定/条约，另行制定一种关税税率并据以征收的关税。可见，前者一国不受双边或多边贸易协定/条约的约束，而后者则受其约束，在协定/条约的有效期内，未获缔约国同意，不得单方面修改。

二、现行的海关税则

中国现行的税则制度是按照国际通行的税则制度建立起来的。自1992年1月1日起，中国正式根据《商品名称及编码协调制度》（以下简称《协调制度》）目录的分类原则和内容，实施海关进出口税则和统计商品目录，目前使用的是2017年版的《协调制度》。与2012年的旧版《协调制度》相比，新版《协调制度》共有242组修订，主要关注环境保护、生态可持续发展、科学技术的新变化、国际贸易新业态的发展等方面，进一步明确了商品分类。

中国税则制度实行自主协定的复式税则，进出口税则合一，但进出口税率分列。进口税实行复式税则，出口税则列在进口税则之后，实行单式税则制。

（一）进口关税税率

关税税率指一国海关税则确定的对进出该国关境的货物课征关税时计算税额的比率。通常意义上的关税税率的高低主要是针对进口关税税率，它直接反映一国对外贸易政策的变化，影响一国的经济发展和对外关系，体现一国对国内产业、商品及市场的保护程度。实际上进口关税税率又有名义税率与实际税率之分，前者指海关税则所规定应征收的关税税率，后者是实征税额占征税对象数额的比率。因税率制度、计税依据、减税、免税、加成加倍征税等原因造成纳税人的实际税率与税法规定的税率不相等。

根据进出口关税条例规定，进口关税分为最惠国税率、协定税率、特惠税率、普通税率、关税配额税率等税率。对进口货物在一定期限内还可以实行暂定税率。

1. 最惠国税率

根据最惠国待遇原则，最惠国税率一般不得高于现在或将来来自于第三国同类产品所享受的关税税率。在中国，最惠国税率适用原产于共同适用最惠国待遇条款的世界贸易组织成员的进口货物，原产于与中国签订含有相互给予最惠国待遇条款的双边贸易协定的国家或者地区的进口货物，以及原产于中国境内的进口货物。中国根据实际情况，会对最惠国税率适时进行调整，如2017年12月国务院关税税则委员会发布了《国务院关税税则委员会关于2018年关税调整方案的通知》，规定“对《中华人民共和国加入世界贸易组织关税减让表修正案》附表所列信息技术产品最惠国税率自2018年1月1日至2018年6月30日继续实施第二次降税，自2018年7月1日起实施第三次降税（见附表2)”，并且，“自2018年7月1日起，对碎米（税号10064010、10064090）实施10%的最惠国税率”。

2. 协定税率

协定税率是指一国通过与他国签订贸易条约或协定的方式共同制定的优惠关税，一般比最惠国税率低；在条约或协定有效期间，未经缔约国一致同意，税率不得自行更改或废除。协定税率适用原产于中国参加的含有关税优惠条款的区域性贸易协定的有关缔约方的进口货物。

如中国与东盟10国（泰国、缅甸、越南、菲律宾、新加坡、马来西亚、印度尼西亚、柬埔寨、老挝、文莱）于2004年11月签订货物贸易协议、2007年1月签订服务贸易协议、2009年签订投资协议。规定自2010年1月1日起自贸协定全面实施，90%的商品实现零关税。中国对东盟平均关税从9.8%降到0.1%，东盟6个老成员国对中国的平均关税从12.8%降到0.6%。中国与新西兰于2008年4月7日签订《中华人民共和国政府和新西兰政府自由贸易协定》。规定2016年1月1日前取消自华进口产品关税，2019年1月1日前取消97.2%自新进口产品关税。中国与澳大利亚于2015年6月17日正式签署自由贸易协定，双方各有占出口贸易额85.4%的产品将在协定生效时立即实现零关税。

中国还宣布，自2018年1月1日起，根据中国与有关国家或地区签署的贸易或关税优惠协定，对中国与格鲁吉亚自贸协定项下的部分产品开始实施协定税率，对中国与东盟、巴基斯坦、韩国、冰岛、瑞士、哥斯达黎加、秘鲁、澳大利亚、新西兰的自贸协定以及中国内地分别与港澳地区的更紧密经贸安排项下的部分商品的协定税率进一步降低。

3. 特惠税率

特惠税率是中国对原产于与中国签订含有特殊关税优惠条款的贸易协定的国家或者地区的进口货物适用的特惠税率。

目前，中国对以下国家或地区实行特惠税率：对原产于柬埔寨、缅甸、老挝和孟加拉国的部分商品实施特惠税率；对原产于苏丹等非洲最不发达国家的部分商品实施特惠零关税。

4. 普通税率

普通税率适用原产于上述国家或地区以外的国家和地区的货物。按进出口关税条例规定，对原产于与中国未订有关税互惠协议的国家或者地区的进口货物，按照普通税率征税。

5. 关税配额税率

关税配额税率，是指对实行关税配额管理的进口货物，关税配额内的，适用关税额税率；关税配额外的，按不同情况分别适用于最惠国税率、协定税率、特惠税率或普通税率。

如 2017 年 12 月国务院关税税则委员会发布的《2018 年关税调整方案》，规定 2018 年“继续对小麦等 8 类商品实施关税配额管理，税率不变。其中，对尿素、复合肥、磷酸氢铵 3 种化肥的配额税率继续实施 1% 的暂定税率。继续对配额外进口的一定数量棉花实施滑准税（见附表 3）”。

6. 暂定税率

关税暂定税率是在海关进出口税则规定的进口优惠税率和出口税率的基础上，对进口的某些重要的工农业生产原材料和机电产品关键部件（但只限于从与中国订有关税互惠协议的国家和地区进口的货物）以及出口的部分资源性产品实施的更为优惠的关税税率。这种税率一般按照年度制订，并且随时可以根据需要恢复按照法定税率征税。如 2017 年 12 月国务院关税税则委员会发布的《2018 年关税调整方案》，规定“自 2018 年 1 月 1 日起对 948 项进口商品实施暂定税率，其中 27 项信息技术产品暂定税率实施至 2018 年 6 月 30 日止（见附表 1）”。

（二）出口关税税率

出口税则商品分类与进口税则相同，均采用国际通用的《协调制度》的商品分类目录，但只列出有税的商品名称和编码及其出口关税率。中国出于鼓励出口的目的，税则中大部分税目未定有出口税率，也就是说对这些出口货物不征出口税。另一方面，即使要征收出口税的，其税率一般也较低；但若出于保护资源等原因，也会征收较高的税率，如 2017 年 12 月国务院关税税则委员会规定，对经酸处理的骨胶原及骨、含牛羊成分的骨粉及骨废料、已脱胶骨、角柱，出口税率为 40%；锡矿砂及其精矿的出口税率为 50%，但 2018 年实行 20% 的暂定税率。

（三）税率的适用原则

1. 暂定最惠国税率优先于最惠国税率执行；按协定关税、特惠关税进口暂定最惠国税率商品时，取低计征关税；按中国实施的优惠政策进口暂定最惠国税率商品时，按优惠政策计算确定的税率与暂定最惠国税率两者取低计征关税，但不得在暂定最惠国税率的基础上再进行减免。

2. 对无法确定原产地的进口货物，按普通税率征收进口关税；对某些包装特殊的货物，经查验无法确定原产地，除申报时能提供原产地证明的，仍可按其原产地确定税率外，一律按普通税率计征关税。

3. 对于按规定应按普通税率计征关税的进口货物，经国务院税则委员会特别批准，可以按照最惠国税率征收关税。

4. 对在进口配额范围内进口的货物可适用最惠国税率的配额税率，对超出进口配额范围内进口的货物则应按原税则规定的非配额税率征收关税。

5. 如果其他国家或者地区违反与中国签订或者共同参加的贸易协定及相关协定，对中国在贸易方面采取禁止、限制、加征关税等歧视措施的，对原产于该国家或者地区的进口货物，中国征收报复性关税，适用报复性关税税率。具体的税率和征收办法，由国务院税则委员会决定。

三、海关估价

海关估价则是指海关为征收关税，确定进口货物完税价格的程序。因此，海关估价在进出口货物贸易中具有重要作用，它直接影响纳税义务人的纳税金额。

中国海关估价的基本法律依据是进出口关税条例、海关审定进出口货物完税价格办法。

（一）海关估价原则

中国海关审查确定进出口货物的完税价格，应当遵循客观、公平、统一的原则。

另外，海关应当按照国家有关规定，妥善保管纳税义务人提供的涉及商业秘密的资料，除法律、行政法规另有规定外，不得对外提供。

（二）进口货物完税价格

1. 完税价格的组成

进口货物的完税价格由海关以该货物的成交价格以及该货物运抵中华

人民共和国境内输入地点起卸前的运输及其相关费用、保险费为基础审查确定。

2. 成交价格的条件

进口货物的成交价格，是指卖方向中华人民共和国境内销售该货物时买方为进口该货物向卖方实付、应付的，并按照有关规定调整后的价款总额，包括直接支付的价款和间接支付的价款。

进口货物的成交价格应当符合下列条件：

(1) 对买方处置或者使用该货物不予限制，但法律、行政法规规定实施的限制、对货物转售地域的限制和对货物价格无实质性影响的限制除外。

有下列情形之一的，应当视为对买方处置或者使用进口货物进行了限制：

① 进口货物只能用于展示或者免费赠送的；

② 进口货物只能销售给指定第三方的；

③ 进口货物加工为成品后只能销售给卖方或者指定第三方的；

④ 其他经海关审查，认定买方对进口货物的处置或者使用受到限制的。

(2) 该货物的成交价格没有因搭售或者其他因素的影响而无法确定。

有下列情形之一的，应当视为进口货物的价格受到了使该货物成交价格无法确定的条件或者因素的影响：

① 进口货物的价格是以买方向卖方购买一定数量的其他货物为条件而确定的；

② 进口货物的价格是以买方向卖方销售其他货物为条件而确定的；

③ 其他经海关审查，认定货物的价格受到使该货物成交价格无法确定的条件或者因素影响的。

(3) 卖方不得从买方直接或者间接获得因该货物进口后转售、处置或者使用而产生的任何收益，或者虽有收益但能够按照规定进行调整。

(4) 买卖双方没有特殊关系，或者虽有特殊关系但未对成交价格产生影响。

3. 应当计入完税价格的费用

进口货物的下列费用应当计入完税价格：

(1) 由买方负担的购货佣金以外的佣金和经纪费；

（2）由买方负担的在审查确定完税价格时与该货物视为一体的容器的费用；

（3）由买方负担的包装材料费用和包装劳务费用；

（4）与该货物的生产和向中国境内销售有关的，由买方以免费或者以低于成本的方式提供并可以按适当比例分摊的料件、工具、模具、消耗材料及类似货物的价款，以及在境外开发、设计等相关服务的费用；

（5）作为该货物向中国境内销售的条件，买方必须支付的、与该货物有关的特许权使用费；

（6）卖方直接或者间接从买方获得的该货物进口后转售、处置或者使用的收益。

但是，根据中国法律规定，进口时在货物的价款中列明的下列税收、费用，不计入该货物的完税价格：

（1）厂房、机械、设备等货物进口后进行建设、安装、装配、维修和技术服务的费用；

（2）进口货物运抵境内输入地点起卸后的运输及其相关费用、保险费；

（3）进口关税及国内税收。

4. 成交价格的调整

以成交价格为基础审查确定进口货物的完税价格时，未包括在该货物实付、应付价格中的下列费用或者价值应当计入完税价格：

（1）由买方负担的下列费用：除购货佣金以外的佣金和经纪费；与该货物视为一体的容器费用；包装材料费用和包装劳务费用。

（2）与进口货物的生产和向中国境内销售有关的，由买方以免费或者以低于成本的方式提供，并且可以按适当比例分摊的下列货物或者服务的价值：进口货物包含的材料、部件、零件和类似货物；在生产进口货物过程中使用的工具、模具和类似货物；在生产进口货物过程中消耗的材料；在境外进行的为生产进口货物所需的工程设计、技术研发、工艺及制图等相关服务。

（3）买方须向卖方或者有关方直接或者间接支付的特许权使用费，但是符合下列情形之一的除外：特许权使用费与该货物无关；特许权使用费的支付不构成该货物向中国境内销售的条件。

符合下列条件之一的特许权使用费，应当视为与进口货物有关：

① 特许权使用费是用于支付专利权或者专有技术使用权，且进口货物属于下列情形之一的：含有专利或者专有技术的；用专利方法或者专有技术生产的；为实施专利或者专有技术而专门设计或者制造的。

② 特许权使用费是用于支付商标权，且进口货物属于下列情形之一的：附有商标的；进口后附上商标直接可以销售的；进口时已含有商标权，经过轻度加工后附上商标即可以销售的。

③ 特许权使用费是用于支付著作权，且进口货物属于下列情形之一的：含有软件、文字、乐曲、图片、图像或者其他类似内容的进口货物，包括磁带、磁盘、光盘或者其他类似载体的形式；含有其他享有著作权内容的进口货物。

④ 特许权使用费是用于支付分销权、销售权或者其他类似权利，且进口货物属于下列情形之一的：进口后可以直接销售的；经过轻度加工即可以销售的。

买方不支付特许权使用费则不能购得进口货物，或者买方不支付特许权使用费则该货物不能以合同议定的条件成交的，应当视为特许权使用费的支付构成进口货物向中国境内销售的条件。

(4) 卖方直接或者间接从买方对该货物进口后销售、处置或者使用所得中获得的收益。

5. 成交价格外的其他估价方法

进口货物的成交价格不符合相关规定条件的，或者成交价格不能确定的，中国海关经了解有关情况，并与纳税义务人进行价格磋商后，可以下列方法估定该货物的完税价格。

(1) 相同货物成交价格估价方法

相同货物成交价格估价方法，是指海关以与进口货物同时或者大约同时向中国境内销售的相同货物的成交价格为基础，审查确定进口货物的完税价格的估价方法。

按照相同货物成交价格估价方法审查确定进口货物的完税价格时，应当首先使用同一生产商生产的相同货物的成交价格。没有同一生产商生产的相同货物的成交价格的，可以使用同一生产国或者地区其他生产商生产的相同货物的成交价格。如果有多个相同货物的成交价格，应当以最低的成交价格为基础审查确定进口货物的完税价格。

按照相同货物成交价格估价方法的规定审查确定进口货物的完税价格时，应当使用与该货物具有相同商业水平且进口数量基本一致的相同货物的成交价格。使用上述价格时，应当以客观量化的数据资料，对该货物与相同货物之间由于运输距离和运输方式不同而在成本和其他费用方面产生的差异进行调整。

在没有前述的相同货物的成交价格的情况下，可以使用不同商业水平或者不同进口数量的相同货物的成交价格。但应当以客观量化的数据资料，对因商业水平、进口数量、运输距离和运输方式不同而在价格、成本和其他费用方面产生的差异作出调整。

（2）类似货物成交价格估价方法

类似货物成交价格估价方法，是指海关以与进口货物同时或者大约同时向中国境内销售的类似货物的成交价格为基础，审查确定进口货物的完税价格的估价方法。

（3）倒扣价格估价方法

倒扣价格估价方法是指海关以进口货物、相同或者类似进口货物在境内的销售价格为基础，扣除境内发生的有关费用后，审查确定进口货物完税价格的估价方法。

该销售价格应当同时符合下列条件：

一是在该货物进口的同时或者大约同时，将该货物、相同或者类似进口货物在境内销售的价格；

二是按照货物进口时的状态销售的价格；

三是在境内第一销售环节销售的价格；

四是向境内无特殊关系方销售的价格；

五是按照该价格销售的货物合计销售总量最大。

按照倒扣价格估价方法审查确定进口货物完税价格的，下列各项应当扣除：

① 同等级或者同种类货物在境内第一销售环节销售时，通常的利润和一般费用（包括直接费用和间接费用）以及通常支付的佣金；

② 货物运抵境内输入地点起卸后的运输及其相关费用、保险费；

③ 进口关税、进口环节海关代征税及其他国内税。

如果该货物、相同或者类似货物没有按照进口时的状态在境内销售，应纳税义务人要求，可以在符合有关规定的情形下，使用经进一步加工后的货物的销售价格审查确定完税价格，但是应当同时扣除加工增值额。

(4) 计算价格估价方法

计算价格估价方法，是指海关以下列各项的总和为基础，审查确定进口货物完税价格的估价方法：

① 生产该货物所使用的料件成本和加工费用；

② 向境内销售同等级或者同种类货物通常的利润和一般费用（包括直接费用和间接费用）；

③ 该货物运抵境内输入地点起卸前的运输及相关费用、保险费。

按照计算价格估价方法审查确定进口货物的完税价格时，海关在征得境外生产商同意并且提前通知有关国家或者地区政府后，可以在境外核实该企业提供的有关资料。

(5) 合理方法

合理方法，是指当海关不能根据成交价格估价方法、相同货物成交价格估价方法、类似货物成交价格估价方法、倒扣价格估价方法和计算价格估价方法确定完税价格时，海关根据客观、公平、统一的原则，以客观量化的数据资料为基础审查确定进口货物完税价格的估价方法。

海关在采用合理方法确定进口货物的完税价格时，不得使用以下价格：

① 境内生产的货物在境内的销售价格；

② 可供选择的价格中较高的价格；

③ 货物在出口地市场的销售价格；

④ 以计算价格估价方法规定之外的价值或者费用计算的相同或者类似货物的价格；

⑤ 出口到第三国或者地区的货物的销售价格；

⑥ 最低限价或者武断、虚构的价格。

一般情况下，对于完税价格，应当按照成交价格方法和上述六种方法，依序进行。即只有在前一种估价方法无法确定完税价格的情况下，才可以采用后一种估价方法。但是，如果进口货物的收货人提出要求，并提供相关资料，经过中国海关同意，也可以选择倒扣价格方法和计算价格方法的适用次序。

（三）出口货物的完税价格

出口货物的完税价格由海关以该货物的成交价格为基础审查确定，并且应当包括货物运至中国境内输出地点装载前的运输及其相关费用、保险费。出口货物的成交价格，是指该货物出口销售时，卖方为出口该货物应当向买方直接收取和间接收取的价款总额。出口关税、在货物价款中单独列明的货物运至中国境内输出地点装载后的运输及其相关费用、保险费不计入出口货物的完税价格。

出口货物的成交价格不能确定的，海关经了解有关情况，并且与纳税义务人进行价格磋商后，依次以下列价格审查确定该货物的完税价格：

1. 同时或者大约同时向同一国家或者地区出口的相同货物的成交价格；

2. 同时或者大约同时向同一国家或者地区出口的类似货物的成交价格；

3. 根据境内生产相同或者类似货物的成本、利润和一般费用（包括直接费用和间接费用）、境内发生的运输及其相关费用、保险费计算所得的价格；

4. 按照合理方法估定的价格。

【风险提示】

中国对不同商品实行不同税率，但总趋势是税率不断降低。在统一税率的前提下，对特定国家和地区实行更优惠的税率。这些因素，作为进口经营者必须掌握，选择恰当方式申报关税以充分维护自己的合法权益。

【相关案例】

肇庆外贸公司诉肇庆海关估价行政纠纷案

2002年11月27日，原告肇庆外贸公司以一般贸易方式，向被告肇庆海关申报3票进口货物，其中，有墨西哥产RC4558DR型集成电路10万个、RC4558P型集成电路9.5万个、泰国产SN74HCU04DR型集成电路

2.75万个、马来西亚产SN74HCU04DR型集成电路1.25万个，申报的货物单价均为每个0.05美元。

经审核报关单及附随单证，被告肇庆海关认为，原告肇庆外贸公司申报的价格明显低于海关设定的价格风险参数，遂于2002年11月27日向肇庆外贸公司发出《价格质疑通知书》，要求其作出书面说明，并提供证明申报价格真实、准确的相关资料。同年11月28日和29日，肇庆外贸公司向肇庆海关提交了境外供货商香港翱思公司与境内实际收货单位、肇庆外贸公司代理进口电子元件协议、海关进口货物价格申报单、进口货物装箱单、发票、提单等资料。同年12月至2003年4月，肇庆海关通过询问、磋商、谈话等方式，向肇庆外贸公司进一步了解进口货物申报价格信息，并向海关总署广州商品价格信息办公室（以下简称"海关价格办公室"）了解同型号集成电路价格行情和信息。据此肇庆海关认为，进口货物的买卖双方（境内实际收货人与境外供货人）之间存在特殊关系，且该特殊关系可能影响成交价格，遂决定不接受进口货物申报价格。

为确定完税价格，2003年3月3日，被告肇庆海关与原告肇庆外贸公司进行价格磋商。3月17日，肇庆海关主持了与肇庆外贸公司和第三人翱思科技公司的审价谈话。4月28日，肇庆海关再次向肇庆外贸公司发出《价格质疑通知书》，对买卖双方存在特殊关系，且可能影响成交价格提出质疑。5月12日，肇庆外贸公司向肇庆海关提交了《关于肇庆市翱思科技有限责任公司申报价格的补充说明》等11份资料。肇庆海关在审核上述资料后认为，这些资料的采信度不高，仍然不能有效证明进口申报价格真实、合理并可以作为确定完税价格的基础。5月20日，肇庆海关经询价后，使用合理方法进行估价，作出3份《代征缴款书》，决定对肇庆外贸公司申报的三批集成电路征收增值税人民币13172.08元。

肇庆市中级人民法院经审理认为：当一方直接或间接地受另一方控制时，应当认定买卖双方有特殊关系。根据有关证据，肇庆海关认定买方翱思科技公司与卖方香港翱思公司存在特殊关系，涉案货物买方与卖方之间的特殊关系影响了成交价格是正确的。肇庆海关据此不接受进口货物的申报价格，并依法估定完税价格，执法有据。

据此，肇庆市中级人民法院依照行政诉讼法的规定，于2005年6月

22日判决：维持被告肇庆海关于2003年5月20日作出的3份《代征缴款书》和同年5月28日作出的4份《估价告知书》；驳回原告肇庆外贸公司的其他诉讼请求。

一审宣判后，肇庆外贸公司、翱思科技公司不服，向广东省高级人民法院提出上诉。广东省高级人民法院经审理，判决驳回上诉，维持原判。

【法条指引】

中华人民共和国海关法（节录）

第五十五条 进出口货物的完税价格，由海关以该货物的成交价格为基础审查确定。成交价格不能确定时，完税价格由海关依法估定。

进口货物的完税价格包括货物的货价、货物运抵中华人民共和国境内输入地点起卸前的运输及其相关费用、保险费；出口货物的完税价格包括货物的货价、货物运至中华人民共和国境内输出地点装载前的运输及其相关费用、保险费，但是其中包含的出口关税税额，应当予以扣除。

进出境物品的完税价格，由海关依法确定。

第五十六条 下列进出口货物、进出境物品，减征或者免征关税：

（一）无商业价值的广告品和货样；

（二）外国政府、国际组织无偿赠送的物资；

（三）在海关放行前遭受损坏或者损失的货物；

（四）规定数额以内的物品；

（五）法律规定减征、免征关税的其他货物、物品；

（六）中华人民共和国缔结或者参加的国际条约规定减征、免征关税的货物、物品。

第五十七条 特定地区、特定企业或者有特定用途的进出口货物，可以减征或者免征关税。特定减税或者免税的范围和办法由国务院规定。

依照前款规定减征或者免征关税进口的货物，只能用于特定地区、特定企业或者特定用途，未经海关核准并补缴关税，不得移作他用。

第五十八条 本法第五十六条、第五十七条第一款规定范围以外的临时减征或者免征关税，由国务院决定。

第五十九条 暂时进口或者暂时出口的货物，以及特准进口的保税货物，在货物收发货人向海关缴纳相当于税款的保证金或者提供担保后，准予暂时免纳关税。

中华人民共和国进出口关税条例（节录）

第九条 进口关税设置最惠国税率、协定税率、特惠税率、普通税率、关税配额税率等税率。对进口货物在一定期限内可以实行暂定税率。

出口关税设置出口税率。对出口货物在一定期限内可以实行暂定税率。

第十条 原产于共同适用最惠国待遇条款的世界贸易组织成员的进口货物，原产于与中华人民共和国签订含有相互给予最惠国待遇条款的双边贸易协定的国家或者地区的进口货物，以及原产于中华人民共和国境内的进口货物，适用最惠国税率。

原产于与中华人民共和国签订含有关税优惠条款的区域性贸易协定的国家或者地区的进口货物，适用协定税率。

原产于与中华人民共和国签订含有特殊关税优惠条款的贸易协定的国家或者地区的进口货物，适用特惠税率。

原产于本条第一款、第二款和第三款所列以外国家或者地区的进口货物，以及原产地不明的进口货物，适用普通税率。

第十一条 适用最惠国税率的进口货物有暂定税率的，应当适用暂定税率；适用协定税率、特惠税率的进口货物有暂定税率的，应当从低适用税率；适用普通税率的进口货物，不适用暂定税率。

适用出口税率的出口货物有暂定税率的，应当适用暂定税率。

第十二条 按照国家规定实行关税配额管理的进口货物，关税配额内的，适用关税配额税率；关税配额外的，其税率的适用按照本条例第十条、第十一条的规定执行。

第十四条 任何国家或者地区违反与中华人民共和国签订或者共同参加的贸易协定及相关协定，对中华人民共和国在贸易方面采取禁止、限制、加征关税或者其他影响正常贸易的措施的，对原产于该国家或者地区的进口货物可以征收报复性关税，适用报复性关税税率。

征收报复性关税的货物、适用国别、税率、期限和征收办法，由国务院关税税则委员会决定并公布。

第十八条第一款 进口货物的完税价格由海关以符合本条第三款所列条件的成交价格以及该货物运抵中华人民共和国境内输入地点起卸前的运输及其相关费用、保险费为基础审查确定。

第三节 关税征收制度

【规则要点】

中国海关是关税的法定征收机关。进口货物的收货人、出口货物的发货人、进出境物品的所有人，是关税的纳税义务人。海关征税、纳税义务人纳税都必须依法进行。征收程序包括纳税人申报、海关审核、应征税款的确定、税款的计征和实际缴纳等。

【理解与适用】

关税征收，是指中国海关按照有关法律法规，以中国国家名义向货物的收发人、进境物品携带入境人员、进境邮递物品的收件人以及其他方式进口物品的收件人等，无偿地征收一定货币的行为。

一、关税征收机关及征收对象

关税征收机关，是指国家通过立法形式，授权其行使征收海关税收的机关。中国海关是关税的法定征收机关。根据海关法规定，中国海关是国家的进出境监督管理机关。海关依照海关法和其他有关法律、行政法规，监管进出境的运输工具、货物、行李物品、邮递物品和其他物品，征收关税和其他税、费。海关及其工作人员应当依照法定职权和法定程序履行关税征管职责，维护国家利益，保护纳税人合法权益，依法接受监督。海关法的这一规定，赋予了中国海关征收关税的权力，确立了中国海关为征收关税机关的法律地位。

关税的征税对象，是指对何种行为或者货物征税。海关法第 53 条规定："准许进出口的货物、进出境物品，由海关依法征收关税。"据此可知，关税的征税对象为进出口货物、进出境物品。

需要指出的是，不是所有的进出口货物、进出境物品都需要征收关税。如根据海关法的规定，下列进出口货物，免征关税：

1. 关税税额在人民币50元以下的一票货物；
2. 无商业价值的广告品和货样；
3. 外国政府、国际组织无偿赠送的物资；
4. 在海关放行前损失的货物；
5. 进出境运输工具装载的途中必需的燃料、物料和饮食用品。

二、纳税义务人

纳税义务人，是指货物、物品出入境时，依法应当向中国海关承担缴纳税款义务的责任人。海关法第54条规定："进口货物的收货人、出口货物的发货人、进出境物品的所有人，是关税的纳税义务人。"进出口关税条例则对"进境物品的纳税义务人"作了进一步明确：进境物品的纳税义务人是指携带物品进境的入境人员、进境邮递物品的收件人以及以其他方式进口物品的收件人。

我国海关法还对通过委托方式进出口货物的纳税人进行了规范：报关企业接受进出口货物收发货人的委托，以委托人的名义办理报关手续的，应当遵守海关法对委托人的各项规定。海关法"对委托人的各项规定"就包括依法向海关纳税的义务。"报关企业接受进出口货物收发货人的委托，以自己的名义办理报关手续的，应当承担与收发货人相同的法律责任"。这一规定当然也包括依法向海关缴纳税款的义务。从上述规定可知，进出口货物收发货人的代理人，不管是以自己的名义，还是以被代理人的名义进行代理，都负有缴纳税款的义务，进而成为进出口货物的纳税义务人。

保税仓储的经营人在特定情况下也是纳税义务人。海关法规定，经营海关监管货物仓储业务的企业，违反有关规定或者在保管海关监管货物期间造成海关监管货物损毁或者灭失的，除不可抗力外，对海关监管货物负有保管义务的人应当承担相应的纳税义务和法律责任。

三、征收程序

征收程序包括纳税人申报、海关审核、应征税款的确定、税款的计征和实际缴纳等。

（一）纳税人向海关申报

1. 申报时间

进口货物的纳税义务人应当自运输工具申报进境之日起14日内，出口货物的纳税义务人除海关特准的外，应当在货物运抵海关监管区后、装货的24小时以前，向货物的进出境地海关申报。进口货物到达前，纳税义务人经海关核准可以先行申报。

进出口货物转关运输的，分现场申报、提前申报和直转申报等几种情形。进口转关运输货物的收货人、受委托的报关企业应当自运输工具申报进境之日起14日内，向进境地海关办理转关运输手续，有关货物应当自运抵指运地之日起14日内向指运地海关申报。出口货物发货人、受委托的报关企业应当在货物运抵海关监管区后、装货的24小时以前向海关申报。超过规定时限未向海关申报的，海关按照《中华人民共和国海关征收进口货物滞报金办法》征收滞报金。

申报日期的确定：申报数据被海关接受的日期为申报日期。不论以电子数据报关单方式申报或以纸质报关单方式申报，海关都以接受申报数据的日期为接受申报的日期。以电子数据报关单方式申报的，申报日期为海关计算机系统接受申报数据时记录的日期，该日期将反馈给原数据发送单位，或者公布于海关业务现场，或者通过公共信息系统发布。以纸质报关单方式申报的，申报日期为海关接受纸质报关单并且对报关单进行登记处理的日期。

2. 申报内容

进出口货物的收发货人、受委托的报关企业应当依法如实向海关申报，对申报内容的真实性、准确性、完整性和规范性承担相应的法律责任。

纳税义务人应当按照法律、行政法规和海关规章关于商品归类、审定完税价格和原产地管理的有关规定，如实申报进出口货物的商品名称、税则号列（商品编号）、规格型号、价格、运保费及其他相关费用、原产地、数量等。海关认为必要时，纳税义务人还应当提供确定商品归类、完税价格、原产地等所需的相关资料。提供的资料为外文的，海关需要时，纳税义务人应当提供中文译文并且对译文内容负责。进出口减免税货物的，纳税义务人还应当提交主管海关签发的《进出口货物征免税证明》。

（二）海关审核

海关应当按照法律、行政法规和海关规章的规定，对纳税义务人申报的进出口货物商品名称、规格型号、税则号列、原产地、价格、成交条件、数量等进行审核。

海关可以根据口岸通关和货物进出口的具体情况，在货物通关环节仅对申报内容作程序性审核，在货物放行后再进行申报价格、商品归类、原产地等是否真实、正确的实质性核查。为审核确定进出口货物的商品归类、完税价格及原产地等，海关可以对进出口货物进行查验，组织化验、检验或者对相关企业进行核查，并将海关认定的化验、检验结果作为商品归类的依据。

海关为审查申报价格的真实性和准确性，可以查阅、复制与进出口货物有关的合同、发票、账册、结付汇凭证、单据、业务函电、录音录像制品和其他反映买卖双方关系及交易活动的资料。如果对纳税义务人申报的价格有怀疑并且所涉关税数额较大的，经直属海关关长或者其授权的隶属海关关长批准，凭海关总署统一格式的协助查询账户通知书及有关工作人员的工作证件，可以查询纳税义务人在银行或者其他金融机构开立的单位账户的资金往来情况，并向银行业监督管理机构通报有关情况。

经审核，海关发现纳税义务人申报的进出口货物税则号列有误的，应当按照商品归类的有关规则和规定予以重新确定；发现纳税义务人申报的进出口货物价格不符合成交价格条件，或者成交价格不能确定的，应当按照审定进出口货物完税价格的有关规定另行估价；发现纳税义务人申报的进出口货物原产地有误的，应当通过审核纳税义务人提供的原产地证明、对货物进行实际查验或者审核其他相关单证等方法，按照海关原产地管理的有关规定予以确定；发现纳税义务人提交的减免税申请或者所申报的内容不符合有关减免税规定的，应当按照规定计征税款。

（三）应征税款额的确定

海关应当按照规定，以从价、从量或者国家规定的其他方式确定进出口货物应征收关税的具体数额。

关税和进口环节海关代征税按照下述计算公式计征：

从价计征关税的计算公式为：

$$应纳税额 = 完税价格 \times 关税税率$$

从量计征关税的计算公式为：

应纳税额 = 货物数量 × 单位关税税额

计征进口环节增值税的计算公式为：

应纳税额 =（完税价格 + 实征关税税额 + 实征消费税税额）× 增值税税率

从价计征进口环节消费税的计算公式为：

应纳税额 =〔（完税价格 + 实征关税税额）/（1 - 消费税税率）〕× 消费税税率

从量计征进口环节消费税的计算公式为：

应纳税额 = 货物数量 × 单位消费税税额

（四）税款缴纳

纳税义务人应当自海关填发税款缴款书之日起 15 日内向指定银行缴纳税款。逾期缴纳税款的，由海关自缴款期限届满之日起至缴清税款之日止，按日加收滞纳税款万分之五的滞纳金。纳税义务人应当自海关填发滞纳金缴款书之日起 15 日内向指定银行缴纳滞纳金。

缴款期限届满日遇星期六、星期日等休息日或者法定节假日的，应当顺延至休息日或者法定节假日之后的第一个工作日。国务院临时调整休息日与工作日的，海关应当按照调整后的情况计算缴款期限。

海关征收关税、滞纳金等，应当按人民币计征。进出口货物的成交价格以及有关费用以外币计价的，以中国人民银行公布的基准汇率折合为人民币计算完税价格；以基准汇率币种以外的外币计价的，按照国家有关规定套算为人民币计算完税价格。适用汇率的日期由海关总署规定。

纳税义务人因不可抗力或者在国家税收政策调整的情形下，不能按期缴纳税款的，经依法提供税款担保后，可以申请延期缴纳税款。直属海关或者其授权的隶属海关应当自接到纳税义务人延期缴纳税款的申请之日起 30 日内审核情况是否属实，并且作出是否同意延期缴纳税款的决定以及延期缴纳税款的期限。延期缴纳税款的期限，自货物放行之日起最长不超过 6 个月。纳税义务人在批准的延期缴纳税款期限内缴纳税款的，不征收滞纳金；逾期缴纳税款的，自延期缴纳税款期限届满之日起至缴清税款之日止按日加收滞纳税款万分之五的滞纳金。

进出口货物的纳税义务人在规定的纳税期限内有明显的转移、藏匿其应税货物以及其他财产迹象的，海关可以责令纳税义务人提供担保；纳税义务人不能提供担保的，海关可以按照海关法规定采取税收保全措施。纳税义务人、担保人自缴纳税款期限届满之日起超过3个月仍未缴纳税款的，海关可以按照海关法规定采取强制措施。

【风险提示】

纳税义务人必须依法纳税，海关必须依法进行征收，否则都要承担相应的法律后果。如进出口货物的纳税义务人逾期缴纳的，由海关征收滞纳金，有走私行为构成犯罪的，还要依法追究刑事责任。

【法条指引】

中华人民共和国海关法（节录）

第五十三条 准许进出口的货物、进出境物品，由海关依法征收关税。

第五十四条 进口货物的收货人、出口货物的发货人、进出境物品的所有人，是关税的纳税义务人。

第六十条 进出口货物的纳税义务人，应当自海关填发税款缴款书之日起十五日内缴纳税款；逾期缴纳的，由海关征收滞纳金。纳税义务人、担保人超过三个月仍未缴纳的，经直属海关关长或者其授权的隶属海关关长批准，海关可以采取下列强制措施：

（一）书面通知其开户银行或者其他金融机构从其存款中扣缴税款；

（二）将应税货物依法变卖，以变卖所得抵缴税款；

（三）扣留并依法变卖其价值相当于应纳税款的货物或者其他财产，以变卖所得抵缴税款。

海关采取强制措施时，对前款所列纳税义务人、担保人未缴纳的滞纳金同时强制执行。

进出境物品的纳税义务人，应当在物品放行前缴纳税款。

第六十一条 进出口货物的纳税义务人在规定的纳税期限内有明显的转移、藏匿其应税货物以及其他财产迹象的，海关可以责令纳税义务人提供担保；纳税义务人不能提供纳税担保的，经直属海关关长或者其授权的隶属海关关长批准，海关可以采取下列税收保全措施：

（一）书面通知纳税义务人开户银行或者其他金融机构暂停支付纳税义务人相当于应纳税款的存款；

（二）扣留纳税义务人价值相当于应纳税款的货物或者其他财产。

纳税义务人在规定的纳税期限内缴纳税款的，海关必须立即解除税收保全措施；期限届满仍未缴纳税款的，经直属海关关长或者其授权的隶属海关关长批准，海关可以书面通知纳税义务人开户银行或者其他金融机构从其暂停支付的存款中扣缴税款，或者依法变卖所扣留的货物或者其他财产，以变卖所得抵缴税款。

采取税收保全措施不当，或者纳税义务人在规定期限内已缴纳税款，海关未立即解除税收保全措施，致使纳税义务人的合法权益受到损失的，海关应当依法承担赔偿责任。

第六十二条 进出口货物、进出境物品放行后，海关发现少征或者漏征税款，应当自缴纳税款或者货物、物品放行之日起一年内，向纳税义务人补征。因纳税义务人违反规定而造成的少征或者漏征，海关在三年以内可以追征。

第六十三条 海关多征的税款，海关发现后应当立即退还；纳税义务人自缴纳税款之日起一年内，可以要求海关退还。

第六十四条 纳税义务人同海关发生纳税争议时，应当缴纳税款，并可以依法申请行政复议；对复议决定仍不服的，可以依法向人民法院提起诉讼。

第六十五条 进口环节海关代征税的征收管理，适用关税征收管理的规定。

中华人民共和国进出口关税条例（节录）

第二十九条 进口货物的纳税义务人应当自运输工具申报进境之日起14日内，出口货物的纳税义务人除海关特准的外，应当在货物运抵海关监管区后、装货的24小时以前，向货物的进出境地海关申报。进出口货物转关运输的，按照海关总署的规定执行。

进口货物到达前，纳税义务人经海关核准可以先行申报。具体办法由海关总署另行规定。

第五十六条　进境物品的关税以及进口环节海关代征税合并为进口税，由海关依法征收。

第四节　关税减免制度

【规则要点】

中国关税的减免分为法定减免、特定减免和临时减免三种形式。

【理解与适用】

关税减免，是指关税的减少征收和免除征收。中国关税的减免，按照依据不同，分为法定减免、特定减免和临时减免三种形式。

一、法定减免税

法定减免税，是指按照国家的法律规定给予的减免税。法定减免税分为法定免税和法定减税。凡属于法定减免税范围的货物物品，进出口货物的收发货人、进出境物品的所有人或他们的代理人不需要向海关提出申请，即可获得免税待遇。

根据进出口关税条例的规定，下列进出口货物，免征关税：

1. 关税税额在人民币50元以下的一票货物；
2. 无商业价值的广告品和货样；
3. 外国政府、国际组织无偿赠送的物资；
4. 在海关放行前损失的货物；
5. 进出境运输工具装载的途中必需的燃料、物料和饮食用品。

暂时进境或者暂时出境的下列货物，可以不缴纳关税（但须缴纳相当于应纳税款的保证金或者提供其他担保）：

1. 在展览会、交易会、会议及类似活动中展示或者使用的货物；
2. 文化、体育交流活动中使用的表演、比赛用品；
3. 进行新闻报道或者摄制电影、电视节目使用的仪器、设备及用品；

4. 开展科研、教学、医疗活动使用的仪器、设备及用品；

5. 在上述1至4项所列活动中使用的交通工具及特种车辆；

6. 货样；

7. 供安装、调试、检测设备时使用的仪器、工具；

8. 盛装货物的容器；

9. 其他用于非商业目的的货物。

此处的“暂时进境或者暂时出境”，是指在6个月以内，如果需要延长复运出境或者复运进境期限的，应当根据海关总署的规定向海关办理延期手续。如果超过这一期限应当按照规定依法纳税。

因品质或者规格原因，出口货物自出口之日起1年内原状复运进境的，不征收进口关税。

因残损、短少、品质不良或者规格不符原因，由进出口货物的发货人、承运人或者保险公司免费补偿或者更换的相同货物，进出口时不征收关税。被免费更换的原进口货物不退运出境或者原出口货物不退运进境的，海关应当对原进出口货物重新按照规定征收关税。

二、特定减免税

特定减免税，是指法律授权的机关，在法定减免税之外，根据经济发展等方面的需要，对某些特定地区、特定企业、特定用途进出口货物给予的减免税优惠。

特定地区，是指关境内由有关法律法规规定的某一特别限定区域。对特定地区实施关税优惠的对象是中国实行的特殊经济政策和开放政策的各类开放区域，如上海自贸区、广东自贸区、天津自贸区等。

特定企业，是指由有关行政法规、规章规定的享受某种特殊关税优惠的企业。对特定企业实施的关税减免是为了改善投资环境，促进外商投资企业的发展。如我国对三资企业曾普遍实行减免税优惠。

特定用途是指享受关税优惠的货物必须用于特定目的，包括货物本身具有专门用途和法规规章要求在特定范围使用。其适用对象主要是经国家主管部门批准的用于企业技术改造、技术引进、科研教学等方面。

根据规定，特定地区、特定企业或者有特定用途的特定减免税进口货物，应当接受海关监管。特定减免税进口货物的监管年限为：船舶、飞机：8 年；机动车辆：6 年；其他货物：5 年。

在特定减免税进口货物的监管年限内，纳税义务人应当自减免税货物放行之日起每年一次向主管海关报告减免税货物的状况；除经海关批准转让给其他享受同等税收优惠待遇的项目单位外，纳税义务人在补缴税款并且办理解除监管手续后，方可转让或者进行其他处置。

特定减免税进口货物监管年限届满时，自动解除海关监管。纳税义务人需要解除监管证明的，可以自监管年限届满之日起 1 年内，持有关单证向海关申请领取解除监管证明。海关应当自接到纳税义务人的申请之日起 20 日内核实情况，并且填发解除监管证明。

三、临时减免税

临时减免税是根据某个单位、企业申请，对某些商品在某个时期或者某个批次，由特别授权单位批准给予一次性的减免税。

【风险提示】

中国关税的减免，有的具有时效性，在某一时段享有优惠税率。作为纳税义务人对此应当准确把握。

【相关案例】

河南广汇进出口有限公司等走私普通货物、对非国家工作人员行贿案

被告单位河南广汇进出口有限公司（以下简称“广汇公司”）自 1997 年成立后主要从事进出口代理业务，被告人李某系公司法人代表兼总经理，被告人沈某某系公司业务经理。2008 年底，广汇公司通过沈某某的联系，承揽了顺成公司从美国索拉公司进口的一台 TITAN130 燃气轮机发电机组设备的转关及报关业务。在办理该设备通关过程中，广汇公司向郑州海关安阳办事处（以下简称“安阳海关”）申请办理进口设备免税未获批准后，李某及沈某某在明知燃气轮机发电机组对应关税税率为 10% 的情况下，向安阳海关提供了伪造的中国机械工业联合会《关于对焦炉煤气轮机发电机组技术鉴定的意见》文件，并提交伪造货物名称为“燃气轮机组”

的虚假合同、提单、箱单等报关单证，按照对应税率为3%的“燃气轮机组”向安阳海关虚假申报，逃避海关监管，偷逃应缴税款。

2009年7月至2011年1月，广汇公司又先后承揽了顺成公司从美国索拉公司进口的第二台TITAN130燃气轮机发电机组设备、诚晨公司从美国索拉公司进口的两台金牛座60型燃气轮机发电机组设备以及利源公司从美国GE公司进口的两台L×××××+PK型燃气轮机发电机组设备的通关业务。广汇公司在承揽上述业务过程中，宣称能够为进口企业办理减免税，并与企业约定了广汇公司在所谓海关“减免”税款中的分成比例。此后，在办理上述5台设备的通关过程中，李某及沈某某均以伪造货物名称为“燃气轮机组”的虚假合同、提单、箱单等相关报关单证向安阳海关虚假申报，逃避海关监管，偷逃应缴税款。

经郑州海关依法计核：广汇公司代理顺成公司、诚晨公司、利源公司进口燃气轮机发电机组设备共计6台，共计偷逃海关税款人民币（以下货币单位均为人民币）2062.4735万元；广汇公司从偷逃的海关税款中共非法获利461.04万元。

根据上述事实和证据，郑州市中级人民法院认定：被告单位广汇公司犯走私普通货物罪，判处罚金人民币2063万元。被告人李某犯走私普通货物罪，判处有期徒刑12年；犯对非国家工作人员行贿罪，判处拘役6个月，决定执行有期徒刑12年。被告人沈某某犯走私普通货物罪，判处有期徒刑10年；犯对非国家工作人员行贿罪，判处拘役3个月，决定执行有期徒刑10年。对被告单位广汇公司的违法所得依法予以追缴后上缴国库。

【法条指引】

中华人民共和国海关法（节录）

第五十六条 下列进出口货物、进出境物品，减征或者免征关税：

（一）无商业价值的广告品和货样；

（二）外国政府、国际组织无偿赠送的物资；

（三）在海关放行前遭受损坏或者损失的货物；

（四）规定数额以内的物品；

（五）法律规定减征、免征关税的其他货物、物品；

（六）中华人民共和国缔结或者参加的国际条约规定减征、免征关税的货物、物品。

第五十七条 特定地区、特定企业或者有特定用途的进出口货物，可以减征或者免征关税。特定减税或者免税的范围和办法由国务院规定。

依照前款规定减征或者免征关税进口的货物，只能用于特定地区、特定企业或者特定用途，未经海关核准并补缴关税，不得移作他用。

第五十八条 本法第五十六条、第五十七条第一款规定范围以外的临时减征或者免征关税，由国务院决定。

第五十九条 暂时进口或者暂时出口的货物，以及特准进口的保税货物，在货物收发货人向海关缴纳相当于税款的保证金或者提供担保后，准予暂时免纳关税。

中华人民共和国进出口关税条例（节录）

第四十三条 因品质或者规格原因，出口货物自出口之日起1年内原状复运进境的，不征收进口关税。

因品质或者规格原因，进口货物自进口之日起1年内原状复运出境的，不征收出口关税。

第四十四条 因残损、短少、品质不良或者规格不符原因，由进出口货物的发货人、承运人或者保险公司免费补偿或者更换的相同货物，进出口时不征收关税。被免费更换的原进口货物不退运出境或者原出口货物不退运进境的，海关应当对原进出口货物重新按照规定征收关税。

第四十六条 特定地区、特定企业或者有特定用途的进出口货物减征或者免征关税，以及临时减征或者免征关税，按照国务院的有关规定执行。

第四十七条 进口货物减征或者免征进口环节海关代征税，按照有关法律、行政法规的规定执行。

第四十八条 纳税义务人进出口减免税货物的，除另有规定外，应当在进出口该货物之前，按照规定持有关文件向海关办理减免税审批手续。经海关审查符合规定的，予以减征或者免征关税。

第四十九条 需由海关监管使用的减免税进口货物，在监管年限内转让或者移作他用需要补税的，海关应当根据该货物进口时间折旧估价，补征进口关税。

特定减免税进口货物的监管年限由海关总署规定。

第五节 原产地制度

【规则要点】

原产地制度，是指为确定货物的原产地而制定的法律和政策措施，主要包括制定的原则、适用范围、原产地标准、程序规则、管理机构、罚则及争端解决等一系列内容。

【理解与适用】

一、原产地标准

完全在一个国家（地区）获得的货物，以该国（地区）为原产地；两个以上国家（地区）参与生产的货物，以最后完成实质性改变的国家（地区）为原产地。

以下为对上述概念中几个术语的界定。

（一）完全在一个国家（地区）获得的货物

完全在一个国家（地区）获得的货物，是指：（1）在该国（地区）出生并饲养的活的动物；（2）在该国（地区）野外捕捉、捕捞、搜集的动物；（3）从该国（地区）的活的动物获得的未经加工的物品；（4）在该国（地区）收获的植物和植物产品；（5）在该国（地区）采掘的矿物；（6）在该国（地区）获得的除上述范围之外的其他天然生成的物品；（7）在该国（地区）生产过程中产生的只能弃置或者回收用作材料的废碎料；（8）在该国（地区）收集的不能修复或者修理的物品，或者从该物品中回收的零件或者材料；（9）由合法悬挂该国旗帜的船舶从其领海以外海域获得的海洋捕捞物和其他物品；（10）在合法悬挂该国旗帜的加工船上加工上述第（9）项所列物品获得的产品；（11）从该国领海以外享有专有开采权的海床或者海床底土获得的物品；（12）在该国（地区）完全从上述第（1）项至第（11）项所列物品中生产的产品。

在确定货物是否在一个国家（地区）完全获得时，不考虑下列微小加工或者处理：（1）为运输、贮存期间保存货物而作的加工或者处理；（2）为货物便于装卸而作的加工或者处理；（3）为货物销售而作的包装等加工或者处理。

（二）实质性改变

实质性改变的确定标准，以税则归类改变为基本标准；税则归类改变不能反映实质性改变的，以从价百分比、制造或者加工工序等为补充标准。

税则归类改变，是指在某一国家（地区）对非该国（地区）原产材料进行制造、加工后，所得货物在《中华人民共和国进出口税则（2020）》中某一级的税目归类发生了变化。

从价百分比，是指在某一国家（地区）对非该国（地区）原产材料进行制造、加工后的增值部分，超过所得货物价值一定的百分比。

制造或者加工工序，是指在某一国家（地区）进行的赋予制造、加工后所得货物基本特征的主要工序。

二、适用范围

《中华人民共和国进出口货物原产地条例》适用于实施最惠国待遇、反倾销和反补贴、保障措施、原产地标记管理、国别数量限制、关税配额等非优惠性贸易措施以及进行政府采购、贸易统计等活动对进出口货物原产地的确定。

进出口货物原产地条例不适用于实施优惠性贸易措施对进出口货物原产地的确定。

三、基本程序

（一）预申报预确定

进口货物进口前，进口货物的收货人或者与进口货物直接相关的其他当事人，在有正当理由的情况下，可以书面申请海关对将要进口的货物的原产地作出预确定决定；申请人应当按照规定向海关提供作出原产地预确定决定所需的资料。

海关应当在收到原产地预确定书面申请及全部必要资料之日起 150 日内，依照有关规定对该进口货物作出原产地预确定决定，并对外公布。

（二）申报

进口货物的收货人按照海关法及有关规定办理进口货物的海关申报手续时，应当依照规定的原产地确定标准如实申报进口货物的原产地；同一批货物的原产地不同的，应当分别申报原产地。

（三）审核

海关在审核确定进口货物原产地时，可以要求进口货物的收货人提交该进口货物的原产地证书，并予以审验；必要时，可以请求该货物出口国（地区）的有关机构对该货物的原产地进行核查。

（四）确定

海关接受申报后，应当按照规定确定进口货物的原产地。已作出原产地预确定决定的货物，自预确定决定作出之日起 3 年内实际进口时，经海关审核其实际进口的货物与预确定决定所述货物相符，且原产地确定标准未发生变化的，海关不再重新确定该进口货物的原产地；经海关审核其实际进口的货物与预确定决定所述货物不相符的，海关应当按照有关规定重新审核确定该进口货物的原产地。

【风险提示】

原产地规则主要用于保护有关当事人的合法利益。如果违反有关规定，要承担相应的法律责任。如提供虚假材料骗取出口货物原产地证书或者伪造、变造、买卖或者盗窃出口货物原产地证书的，由海关处人民币 5000 元以上 10 万元以下的罚款；骗取、伪造、变造、买卖或者盗窃作为海关放行凭证的出口货物原产地证书的，处货值金额等值以下的罚款，但货值金额低于 5000 元的，处 5000 元罚款。有违法所得的，由海关没收违法所得。构成犯罪的，依法追究刑事责任。

【相关案例】

北京建通公司诉南京尤孚公司买卖合同纠纷案

2011 年初，原告北京建通公司意欲投标江苏第七届园博园骆马湖中音乐高喷泉工程，经他人介绍与被告南京尤孚公司就工程使用的潜水泵进行了洽谈，被告根据工程技术要求推荐其销售的VP290-8型潜水泵。后原告中标涉案工程，并于同年3月21日与发包方宿迁市湖滨新城投资开发有限公司签订《建设工程施工合同》一份。

2011年3月1日，被告南京尤孚公司与富兰克林电气（上海）有限公司签订《买卖合同》一份，约定被告向富兰克林电气公司订购电机8台，每台单价为人民币285000元，交货期限为预付货款25%后12周内，后被告依约支付了货款。同年3月10日，被告与日本冈本水泵股份有限公司签订《购货合同》一份，约定被告向日本冈本水泵股份有限公司订购不锈钢潜水泵8台，型号为OPDS12J-150-400-17（VP290-8），单价为每台11500美元，交货期限为2011年6月底前，被告亦依约支付了货款。

2011年3月25日，原、被告签订《销售合同》一份，同日，原告向被告付款人民币50000元。2011年3月26日，原、被告签订《北京建通兴业环境科技有限公司园博园项目设备采购合同》一份，约定被告向原告提供不锈钢潜水泵8台，同时约定产品必须为原装进口产品，被告应向原告提供全套整机进口手续及原产地检测合格的报告。另外，双方还约定本合同附“美国原装进口不锈钢潜水泵VP290-8技术协议”一份，该技术协议为本合同不可分割部分，与合同具有同等效力。同日，双方签订了《江苏园博园项目潜水泵美国原装进口不锈钢潜水泵VP290-8技术协议》一份，该技术协议载明：“一、潜水泵 1. 品名：不锈钢潜水泵VP290-8；2. 产地：U-FLO日本原装；3. 材料：304；4. 额定流量：290m^3/h，额定扬程360m。二、潜水电动机 1. 品牌：FRANKLIN德国原装；2. 电压：1000V；3. 电流：298A；4. 功率：400KW；5. 转速：2950RPM；6. 潜水电泵允许反转。……”2011年3月25日、4月1日、6月20日，原告三次向被告分别付款人民币50000元、1078000元和1500000元。

2011年6月，富兰克林电气（上海）有限公司和日本冈本水泵股份有限公司先后依约向被告交付了订购的电机和不锈钢潜水泵体，被告分别于2011年6月12日、19日、24日将取得的货物运送至宿迁市湖滨新城江苏园博园施工现场，自6月19日至7月1日之间进行了安装，但因故未安装完毕。后原、被告发生纠纷，原告认为被告在缔约中存在欺诈行为，导致其意思表示不真实，故要求撤销双方间的买卖合同，双方协商未果，原告遂诉至法院。

江苏省宿迁市中级人民法院经审理认为：被告在与原告缔约时明确约定产品为美国原装进口，并在技术协议中约定泵体为U-FLO日本原装，但实际上尤孚泵业国际有限公司在日本并无生产工厂，被告在与原告磋商时已经向日本冈本水泵股份有限公司订购了涉案合同标的8台不锈钢潜水泵，所谓美国原装进口的产品从缔约时便自始不能履行，因此被告的行为存在欺诈的故意。由于被告在媒体中的虚假宣传，并在合同中约定美国原装进口等内容，使原告相信被告的产品为国际品牌，且主要零部件为尤孚泵业国际有限公司的工厂生产，致使原告作出缔约的意思表示。因此，被告的行为构成欺诈，原告要求撤销合同的主张应予支持。

【法条指引】

中华人民共和国对外贸易法（节录）

第二十二条 国家对进出口货物进行原产地管理。具体办法由国务院规定。

第三十四条 在对外贸易活动中，不得有下列行为：

（一）伪造、变造进出口货物原产地标记，伪造、变造或者买卖进出口货物原产地证书、进出口许可证、进出口配额证明或者其他进出口证明文件；

……

中华人民共和国进出口货物原产地条例（节录）

第一条 为了正确确定进出口货物的原产地，有效实施各项贸易措施，促进对外贸易发展，制定本条例。

第二条 本条例适用于实施最惠国待遇、反倾销和反补贴、保障措施、原产地标记管理、国别数量限制、关税配额等非优惠性贸易措施以及进行政府采购、贸易统计等活动对进出口货物原产地的确定。

实施优惠性贸易措施对进出口货物原产地的确定，不适用本条例。具体办法依照中华人民共和国缔结或者参加的国际条约、协定的有关规定另行制定。

第八章

对外贸易调查与救济

第一节　反倾销制度

【规则要点】

中国反倾销立法已逐渐形成一个与国际惯例接轨，符合 WTO 规则，体系完备，层次分明的法律体系。采取反倾销措施的条件是确定倾销、造成损害、倾销与损害存在因果关系。反倾销的调查程序主要有当事人申请、主管部门立案、开展调查、作出初裁决定、作出终裁。主管部门根据实际作出反倾销措施，如临时措施、价格承诺和征收反倾销税等。反倾销措施应当遵守一定反倾销期限，在一定情况下应对反倾销进行复审，当事人可以依法申请行政复议或者提请司法审查。

【理解与适用】

各国反倾销法和国际多边贸易协定（GATT/WTO 协定）大多从法律意义上把倾销定义为：在正常贸易过程中，一国产品以低于该产品正常价值的出口价格，输入到另一国国内市场的商业行为。

反倾销（Anti-dumping）是针对倾销行为而言的。由于出口国用倾销方式和手段将本国产品以低于该产品的正常价值输入另一国商业领域，因而对输入国已建立的产业造成实质损害或实质损害威胁，或阻碍输入国国内产业的建立。对这种行为一是应予以谴责；二是输入国对倾销产品征收不超过倾销差额的反倾销税，用以抵消或制止倾销。这就是国际上通行的反倾销概念的基本含义。

一、反倾销法律基本框架

中国反倾销法律制度的基本规范，可概括为三个层次，即：

（一）法律

即由全国人大及其常委会所制定的法律，这是第一层次的立法。这一层次的立法构成中国反倾销的立法基础和执法依据，如1992年制定，2004年、2016年修改的对外贸易法。

修改的对外贸易法新增了与对外贸易有关的知识产权保护、对外贸易调查和对外贸易救济等三章内容，其中第八章“对外贸易救济”第41条、第42条及其他条文进一步规范和完善了1994年对外贸易法所确立的反倾销制度。如第41条规定：“其他国家或者地区的产品以低于正常价值的倾销方式进入我国市场，对已建立的国内产业造成实质损害或者产生实质损害威胁，或者对建立国内产业造成实质阻碍的，国家可以采取反倾销措施，消除或者减轻这种损害或者损害的威胁或者阻碍。”第42条规定：“其他国家或者地区的产品以低于正常价值出口至第三国市场，对我国已建立的国内产业造成实质损害或者产生实质损害威胁，或者对我国建立国内产业造成实质阻碍的，应国内产业的申请，国务院对外贸易主管部门可以与该第三国政府进行磋商，要求其采取适当的措施。”

（二）行政法规

行政法规是由中华人民共和国国务院制定并颁布。这是第二层次的立法。这一层次的立法为一级法的实施办法，如反倾销条例等。

修订后的反倾销条例同原条例框架基本相同，共6章59条，内容包括总则、倾销与损害、反倾销调查、反倾销措施、反倾销税和价格承诺的期限与复审以及附则。修订后的条例强调了“公共利益原则”，规定商务部认为出口经营者作出的价格承诺能够接受并符合公共利益的，可以决定中止或者终止反倾销调查，不采取临时反倾销措施或者不征收反倾销税。中止或者终止反倾销调查的决定由商务部予以公告。依有关规定中止或终止反倾销调查后，应出口经营者请求，商务部应当对倾销和损害继续进行调查；或者商务部认为有必要的，可以对倾销和损害继续进行调查。终裁决定确定倾销成立，并由此对国内产业造成损害的，可以征收反倾销税。征收反倾销税应当符合公共利益。同时，新条例对反倾销的主管调查机构等程序性问题，依据中国政府机构改革后的新形势作了相应变更的规定等。

（三）部门规章

部门规章由国务院有关部门制定并颁布。部门规章属第三层次的立法，大多数属于实施细则和操作规程，如《反倾销调查立案暂行规则》等原外经贸部发布的规则。

为了使对外贸易法有关反倾销立法的基本原则和国务院颁发的反倾销条例有效实施，遵循 WTO 有关规则并参考有关国家的法律规定和实践，原外经贸部和国务院其他部门相继发布了大量的有关反倾销和出口应诉的部门规章。比如《反倾销调查立案暂行规则》《反倾销调查抽样暂行规则》《反倾销调查信息披露暂行规则》《反倾销调查公开信息查阅暂行规则》《反倾销调查实地核查暂行规则》《反倾销价格承诺暂行规则》等。商务部成立后也制定和修改了相关部门规章，如《反倾销产业损害调查规定》《出口产品反倾销案件应诉规定》《反倾销问卷调查规则》等。

综上可见，中国反倾销立法已逐渐形成一个与国际惯例接轨，符合 WTO 规则，体系完备，层次分明的法律体系。经过近年的实践检验，这一体系基本上符合中国国情和对外贸易发展的需要，当然尚须更进一步改进和完善。

二、采取反倾销措施的要件

进口产品以倾销方式进入中华人民共和国市场，并对已经建立的国内产业造成实质损害或者产生实质损害威胁，或者对建立国内产业造成实质阻碍的，可依照有关规定进行调查，采取反倾销措施。可见采取反倾销措施，需要具备以下要件。

（一）倾销的确定

根据反倾销法的一般原则，对一项进口产品采取反倾销措施，首先必须证明进口产品存在倾销。反倾销条例第 3 条明确规定，倾销是指在正常贸易过程中进口产品以低于其正常价值的出口价格进入中华人民共和国市场。据此，倾销是否存在，主要取决于出口价格与正常价值的比较，若出口价格高于或等于正常价值则不存在倾销，只有证明出口价格低于正常价值才存在倾销。

1. 正常价值的确定

所谓正常价值（Normal value，美国反倾销法则称为“Fair value”——公平价值）通常指产品在出口国国内用于消费的销售价格，即国内销售价格。如何确定“正常价值”？国际反倾销规则以及各国反倾销立法首先把国家分为市场经济国家和非市场经济国家两种，对前者规定可以采用三种办法来确定正常价值，即：

（1）国内的销售价格；

（2）向第三国的出口价格；

（3）推定价格。

而对非市场经济国家，其正常价值的确定通常是采用一个“替代国”（Surrogate country）或称“类比国”（Analogue country）的类似产品的价格。

需要进一步予以说明的是，所谓“国内销售价格”是指被指控倾销的产品或与其相似的产品在调查期间内在出口国国内市场上实际被支付的或被约定支付的价格，这是确定市场经济国家正常价值最基本的方法。“向第三国出口价格”一般是指在被指控倾销的产品或相似产品在出口国无销售或销售量极小以致不足以国内销售价格作为正常价值的情况时才使用的另一种方法。使用这一方法的标准为：向该第三国出口的产品相同或最相似；该第三国是出口国出口量最多的国家，对该第三国在推销渠道上做法类似，出口量至少要占到5%。使用以上两种方法确定正常价值，都要对这些价格根据销售条件、销售数量、商业环节、产品差异等不同因素进行必要的调整。“推定价格”是指对被指控倾销产品的生产成本加上一定幅度的管理费用和正常利润后推定出的价格。这一方法只是在当国内销售价格和对第三国的出口价格均因不符合要求而无法被用于确定正常价值时才予以采用。

根据国际上通行的做法，中国反倾销条例对正常价值的确定作了上述类似的规定。根据反倾销条例第4条规定，进口产品的正常价值，应当区别不同情况，按照下列方法确定：

（1）进口产品的同类产品，在出口国（地区）国内市场的正常贸易过程中有可比价格的，以该可比价格为正常价值（即第一种方法：“国内销售价格”)。

(2) 进口产品的同类产品，在出口国（地区）国内市场的正常贸易过程中没有销售的，或者该同类产品的价格、数量不能据以进行公平比较的，以该同类产品出口到一个适当第三国（地区）的可比价格或者以该同类产品在原产国（地区）的生产成本加合理费用、利润，为正常价值。

(3) 进口产品不直接来自原产国（地区）的，按照上述第（1）项规定确定正常价值；但是，在产品仅通过出口国（地区）转运、产品在出口国（地区）无生产或者在出口国（地区）中不存在可比价格等情形下，可以以该同类产品在原产国（地区）的价格为正常价值（即第二种方法和第三种方法：“向第三国出口价格”“推定价格”)。

2. 出口价格的确定

出口价格，是指进口商实际支付或应支付的价格。为确定一项产品是否存在倾销，在确定了该项产品的正常价值之后，还必须确定其适当的出口价格，才能进行有效的比较。各国在确定出口价格时一般遵循下列原则：有出口价格时，以出口商与进口商之间的成交净价作为出口价格；在特殊情况下无出口价格（如易货贸易、补偿贸易等）或出口价格不可靠时（如出口商与进口商之间有总分公司、母子公司等关系)，以产品首次在进口国国内向独立商人转售的价格作为出口价格；在一定条件下，由主管机构依据现有资料一般也就是申诉人提供的价格确定出口价格。

反倾销条例第5条对出口价格的确定作了明确规定。进口产品的出口价格，应当区别不同情况，按照下列方法确定：

(1) 进口产品有实际支付或者应当支付的价格的，以该价格为出口价格（即：“进口商与出口商的成交净价”)；

(2) 进口产品没有出口价格或者其价格不可靠的，以根据该进口产品首次转售给独立购买人的价格推定的价格为出口价格；该进口产品未转售给独立购买人或者未按进口时的状态转售的，可以以商务部根据合理基础推定的价格为出口价格（即：“转售价格”和“推定价格”)。

3. 倾销幅度的计算

正常价值与出口价格经过适当调整后进行公平比较，即可得出是否存在倾销的结论。如果产品出口价格低于其正常价值即存在倾销，两者之间的差额为倾销差额（Dumping margin）或倾销幅度。根据反倾销条例第6条的规定，进口产品的出口价格低于其正常价值的幅度为倾销幅度。对进口产品的出口价格和正常价值，应当考虑影响价格的各种可比性因素，按照公平、合理的方式进行比较。倾销幅度的确定，应当将加权平均正常价值与全部可以出口交易的加权平均价值进行比较，或者将正常价值与出口价格在逐笔交易的基础上进行比较。出口价格在不同的购买人、地区、时期之间存在很大差异按照前款规定的方法难以比较的，可以将加权平均正常价值与单一出口交易的价格进行比较。

（二）损害的确定

对一项进口产品采取反倾销措施，在确定进口产品存在倾销之后，还必须确定因该产品的倾销而给进口国生产相同或类似产品的产业造成了实质损害、实质损害威胁或实质阻碍了进口国该类产业的建立。如果只有倾销而无损害，则不能构成法律意义上的倾销，不能采取反倾销措施征收反倾销税。所以，确定倾销存在与损害存在是征收反倾销税的两项重要条件，二者缺一不可。

1. 损害的分类

所谓“损害”，是指倾销对已经建立的国内产业造成实质损害或者产生实质损害威胁，或者对建立国内产业造成实质阻碍。可见损害可分为三类：

（1）实质损害

实质损害是指对国内产业已经造成的、不可忽略的损害。

（2）实质损害威胁

实质损害威胁应当根据明显可预见和迫近的情形来判断，并且如果不采取措施，实质损害将会发生。对实质损害威胁的确定，应当依据事实，不得仅依据指控、推测或者极小的可能性。

确定实质损害威胁，还应审查但不限于以下因素：

①表明进口很可能发生实质增长的倾销产品进口的大幅增长率；

②出口商可充分自由使用的或即将实质增加的能力，表明进入进口成员市场的倾销出口可能发生实质增长。在采用这一指标时应考虑是否存在其他出口市场吸收任何额外的出口；

③进口产品是否正以将大幅压低或抑制国内同类产品价格的价格进

口，并且将很可能导致对进口产品需求的增加；

④被调查产品的库存情况。

（3）实质阻碍

实质阻碍指有关的一个新产业的建立过程受阻，如工厂已建造，设备已购置安装，但由于倾销产品的大量进口，该工厂无法开工投产。

确定对建立国内产业的实质阻碍，还应审查但不限于以下因素：

①国内产业的建立或筹建情况；

②国内需求的增长情况及其影响；

③倾销进口产品对国内市场状况的影响；

④倾销进口产品的后续生产能力和在国内市场的发展趋势。

2. 产业的认定

国内产业的认定是确定损害存在的前提条件。根据反倾销条例第 11 条的规定，国内产业是指中华人民共和国国内同类产品的全部生产者，或者其总产量占国内同类产品全部总产量的主要部分的生产者；但是，国内生产者与出口经营者或者进口经营有关联的，或者其本身为倾销进口产品的进口经营者的，可以排除在国内产业之外。在特殊情形下，国内一个区域市场中的生产者，在该市场中销售全部或者几乎全部的同类产品，并且该市场中同类产品的需求主要不是由国内其他地方的生产者供给的，可以视为一个单独产业。"同类产品"是指与倾销进口产品相同的产品；没有相同产品的，以与倾销进口产品的特性最相似的产品为同类产品（反倾销条例第 12 条）。

审查倾销进口产品对国内产业的影响，应包括对影响国内产业状况的所有有关经济因素和指标的评估，包括销售、利润、产量、市场份额、生产率、投资收益状况或设备利用率存在的实际或潜在的下降；影响国内价格的因素；倾销幅度的大小；现金流、库存、就业、工资、产业增长、筹资或投资能力受到的实际或潜在的负面影响。

3. 损害的认定

在确定倾销对国内产业造成损害时，应当审查下列事项：

（1）倾销进口产品的数量，包括倾销进口产品的绝对数量或者相对于国内同类产品生产或者消费的数量是否大量增加，或者倾销进口产品大量增加的可能性；

(2) 倾销进口产品的价格，包括倾销进口产品的价格削减或者对国内同类产品的价格产生大幅度抑制、压低等影响；

(3) 倾销进口产品对国内产业的相关经济因素和指标的影响；

(4) 倾销进口产品的出口国（地区）、原产国（地区）的生产能力、出口能力，被调查产品的库存情况；

(5) 造成国内产业损害的其他因素。

倾销进口产品来自两个以上国家（地区），并且同时满足下列条件的，可以就倾销进口产品对国内产业造成的影响进行累积评估：

(1) 来自每一国家（地区）的倾销进口产品的倾销幅度不小于2%，并且其进口量不属于可忽略不计的。可忽略不计，是指来自一个国家（地区）的倾销进口产品的数量占同类产品总进口量的比例低于3%；但是，低于3%的若干国家（地区）的总进口量超过同类产品总进口量7%的除外。

(2) 根据倾销进口产品之间以及倾销进口产品与国内同类产品之间的竞争条件，进行累积评估是适当的。

评估倾销进口产品的影响，应当针对国内同类产品的生产进行单独确定；不能针对国内同类产品的生产进行单独确定的，应当审查包括国内同类产品在内的最窄产品组或者范围的生产。

(三) 因果关系的确定

在满足上述两项条件之后，对一项进口产品采取反倾销措施，还要确定该项产品的倾销与国内产业损害之间存在因果关系，即必须证明：倾销进口产品的结果正是造成国内产业损害的原因，这就要求进口国主管当局必须以充分的证据证明进口国国内产业损害是进口产品的倾销所致，而不能将其他因素所造成的损害也归咎于倾销进口的产品。

反倾销条例第8条对此作出了明确的规定："……在确定倾销对国内产业造成的损害时，应当依据肯定性证据，不得将造成损害的非倾销因素归因于倾销。"

三、反倾销的调查程序

反倾销的调查程序有其一套独具特色的做法，各国通常都由主管国际贸易的行政部门负责。根据中国现行有关反倾销法律的规定，对倾销的调查和确定与对损害的调查和确定均由商务部负责。其中，涉及农产品反倾销的国内产业损害调查由商务部会同农业部进行。商务部下设公平贸易局和产业损害调查局，分别具体负责对倾销与损害调查的相关事宜以及与反倾销有关的对外磋商、通知和争端解决事宜。

反倾销调查主要有下列程序：

（一）申请

1. 申请人

反倾销申诉的发起由国内产业或者代表国内产业的自然人、法人或者有关组织（以下简称“申请人”）向中国商务部提出反倾销调查的书面申请。

国内产业，是指中华人民共和国国内同类产品的全部生产者，或者其总产量占国内同类产品全部总产量的50%以上的生产者。申请人的产量占国内同类产品总产量虽不足50%，但如果表示支持申请和反对申请的国内生产者中，支持者的产量占支持者和反对者的总产量的50%以上，并且表示支持申请的国内生产者的产量不低于同类产品总产量25%的，该申请应被视为代表国内产业提出。国内产业十分分散而涉及生产者数量巨大的，商务部可以采用统计学上有效的抽样方式审查申请人的资格。

此外，在特殊情况下，商务部没有收到反倾销调查的书面申请，但有充分证据认为存在倾销和损害以及二者之间有因果关系的，经商国家有关部委后，可以决定立案调查，主动启动反倾销调查程序。

2. 提交申请书

申请书应当包括下列内容：

（1）申请人的名称、地址及有关情况；

（2）对申请调查的进口产品的完整说明，包括产品名称、所涉及的出口国（地区）或者原产国（地区）、已知的出口经营者或者生产者、产品在出口国（地区）或者原产国（地区）国内市场消费时的价格信息、出口价格信息等；

（3）对国内同类产品生产的数量和价值的说明；

（4）申请调查进口产品的数量和价格对国内产业的影响；

（5）申请人认为需要说明的其他内容。

3. 提交相关证据

申请书应当附具下列证据：

（1）申请调查的进口产品存在倾销。申请人要提供出口价格和正常价值的证明材料，同时申请人要对出口价格和正常价值在合理调整的基础上做比较，初步估算出倾销幅度。

（2）对国内产业的损害。申请人首先要选择损害类型（实质损害、实质损害威胁、实质阻碍国内产业建立）；其次要分析申请调查进口产品的数量变化和价格变化情况及其对国内同类产品的价格影响；最后要分析对国内产业相关经济因素和指标的影响。

（3）倾销与损害之间存在因果关系。申请人要说明倾销进口产品与国内产业的损害存在因果关系，同时还要分析造成国内产业损害的其他因素，包括未倾销进口产品的数量和价格、国内需求减少、消费模式变化、贸易方式、竞争情况、技术发展、国内出口和生产率等。

反倾销调查申请中如涉及保密材料的，申请人应当提出保密申请；对于保密材料，申请人应当提交使案件其他利害关系方能够对保密材料有合理了解的非保密概要；如果申请人不能提供非保密概要，应当说明理由。申请人所提供的证据材料是外文的，申请人应当提供该材料的外文全文，并提供相关部分的中文翻译件。

4. 提交方式

申请人应当以邮寄或直接送达等方式将书面申请书及证据材料递交商务部。申请人正式递交申请书及证据材料，商务部应予签收。签收之日为商务部收到申请书及证据材料之日。

（二）立案

商务部应当自收到申请人提交的申请书及有关证据之日起60日内，对申请是否由国内产业或者代表国内产业提出、申请书内容及所附具的证据等进行审查，经商国家有关部委后，决定立案调查或者不立案调查。立案调查的决定，由商务部予以公告，并通知申请人、已知的出口经营者和进口经营者、出口国（地区）政府以及其他有利害关系的组织和个人。

立案公告应当载明下列内容：

1. 申请书概要及商务部对申请的审查结果；

2. 发起调查的日期；

3. 调查产品及出口国（地区）名称；

4. 调查期间；

5. 调查机关进行实地核查的意向；

6. 利害关系方不应诉将承担的后果；

7. 允许利害关系方提出意见的时限；

8. 调查机关的联系方式。

立案决定一经公布，应将申请书公开部分提供给已知的出口商和出口国（地区）政府。如果调查涉及大量出口商的，只向出口国（地区）政府提供申请书公开部分。反倾销调查立案决定公布之日为立案日期。

（三）调查

调查机关可以采用问卷、抽样、听证会、现场核查等方式向利害关系方了解情况，进行调查。调查机关应当提供有关利害关系方陈述意见和论据的机会。商务部认为必要时，可以派出工作人员赴有关国家（地区）进行调查；但是，有关国家（地区）提出异议的除外。

调查机关进行调查时，利害关系方应如实反映情况，提供有关资料。不如实反映情况、提供有关资料的，或者没有在合理时间内提供必要信息的，或者以其他方式严重妨碍调查的，调查机关可以根据获得的事实和可获得的最佳信息作出裁定。

在调查期间，利害关系方认为其提供的资料泄露后将产生严重不利影响的，可以向调查机关申请对该资料按保密资料处理。对按保密资料处理的资料，未经提供资料的利害关系方同意，不得泄露。调查机关应当允许申请人和利害关系方查阅本案有关资料；但是，属于按保密资料处理的除外。

反倾销调查，应当自立案调查决定公告之日起12个月结束，特殊情况下可以延长，但延长期不得超过6个月。有下列情形之一的，反倾销调查应当终止，并由商务部予以公告：（1）申请人撤销申请的；（2）没有足够证据证明存在倾销、损害或者二者之间有因果关系的；（3）倾销幅度低于2%的；（4）倾销进口产品实际的或者潜在的进口量或者损害属于可忽略不计的；（5）商务部和国家有关部委共同认为不适宜继续进行反倾销调查的。

（四）初裁

商务部根据调查结果，分别就倾销、损害作出初裁决定，并就两者之间的因果关系是否成立作出初裁决定，由商务部予以公告。如果初裁确定了倾销和损害，即意味着要对指控的进口产品采取临时反倾销措施。

（五）终裁

初裁决定确定倾销、损害以及二者之间的因果关系成立的，商务部应当对倾销及反倾销幅度、损害及损害程度继续进行调查，并根据调查结果分别作出终裁决定，由商务部予以公告。在作出终裁决定前，应当由商务部将终裁决定所依据的基本事实通知所有已知的利害关系方。

四、反倾销措施

依据修订后的对外贸易法第 41 条和第 42 条等相关条文的规定，反倾销措施是指对在进口产品以低于其正常价值的方法进入中国市场，并对中国已经建立的国内产业造成实质损害或者产生实质损害威胁，或者对中国建立国内产业造成实质阻碍的情况下，中国采取的应对措施，包括临时措施、价格承诺和征收反倾销税。

（一）临时反倾销措施

初裁决定确定倾销成立，并由此对国内产业造成损害的，可以采取下列临时反倾销措施：

1. 征收临时反倾销税；

2. 要求提供现金保证金、保函或者其他形式的担保。

临时反倾销税税额或者提供的现金保证金、保函或者其他形式担保的金额，应当不超过初裁决定确定的倾销幅度。征收临时反倾销税，由商务部提出建议，国务院关税税则委员会根据商务部的建议作出决定，由商务部予以公告。要求提供现金保证金、保函或者其他形式的担保，由商务部作出决定并予以公告。海关自公告规定实施之日起执行。

临时反倾销措施实施的期限，自临时反倾销措施决定公告规定实施之日起，不超过 4 个月，在特殊情形下，可以延长至 9 个月。自反倾销立案调查决定公告之日起 60 天内，不得采取临时反倾销措施。

（二）价格承诺

价格承诺指出口商向商务部提供中止反倾销调查的价格承诺协议，以提高出口价格等方式消除对中国产业损害影响的行为。

根据反倾销条例有关规定，倾销进口产品的出口经营者在反倾销调查期间，可以向商务部作出改变价格或者停止以倾销价格出口的价格承诺。商务部可以向出口经营者提出价格承诺的建议，但调查机关不得强迫出口经营者作出价格承诺，而且调查机关对倾销以及由倾销造成的损害作出肯定的初裁决定前，不得寻求或者接受价格承诺。

商务部认为出口经营者作出的价格承诺能够接受的，经商国家有关部委后，可以决定中止或者终止反倾销调查，不采取临时反倾销措施或者征收反倾销税。中止或者终止反倾销调查的决定由商务部予以公告。商务部不接受价格承诺的，应当向有关出口经营者说明理由。出口经营者不作出价格承诺或者不接受价格承诺建议的，不妨碍对反倾销案件的调查和确定。

价格承诺签署后，应出口经营者请求或者调查机关认为有必要，调查机关可以对倾销和损害继续进行调查。其调查结果作出倾销或者损害的否定裁决的，价格承诺自动失效；作出倾销或者损害肯定裁定的，价格承诺继续有效。

在价格承诺生效执行过程中，商务部可以要求出口经营者定期提供履行其价格承诺的有关情况、资料并予以核实。对出口经营者违反其价格承诺的，可以立即决定恢复反倾销调查。根据可获得的最佳信息，可以决定采取临时反倾销措施，并可以对实施临时反倾销措施前90日内进行的产品追溯征收反倾销税，但违反价格承诺前进口的产品除外。

（三）征收反倾销税

仲裁决定确定倾销成立，并由此对国内产业造成损害的，可以征收反倾销税。征收反倾销税由商务部提出建议，国务院关税税则委员会根据商务部的建议作出决定，由商务部予以公告，海关自公告规定实施之日起执行。

根据反倾销条例的规定，反倾销税的纳税人为倾销进口产品的进口经营者。反倾销税税额不超过终裁决定确定的倾销幅度，反倾销税应当根据不同出口经营者的倾销幅度分别确定。对未包括在审查范围内的出口经营者的倾销进口产品需要征收反倾销税的，应当按照合理的方式确定对其适用反倾销税。

终裁决定确定存在实质损害或实质损害威胁，并在此前已经采取临时反倾销措施的，反倾销税可以对已经实施临时反倾销措施的期间追溯征收。对于终裁决定确定的反倾销税，高于已付或者应付的临时反倾销税或者为担保目的而估计的金额的，差额部分不予收取。而低于已付或者应付的临时反倾销税或者为担保目的而估计的金额的，差额部分应当根据具体情况予以退还或者重新计算税额。

下列两种情形并存的，可以对实施临时反倾销措施之日前90天内进口的产品追溯征收反倾销税，但立案调查前进口的产品除外：

1. 倾销进口产品有对国内产业造成损害的倾销历史，或者该产品的进口经营者知道或者应当知道出口经营者实施倾销并且倾销对国内产业将造成损害的；

2. 倾销进口产品在短期内大量进口，并且可能会严重破坏即将实施的反倾销税的补救效果的。

终裁决定确定不征收反倾销税的，或者终裁决定未确定追溯征收反倾销税的，对已征收的临时反倾销税和已收取的现金保证金应当予以退还，保函或者其他形式的担保应当予以解除。同时，倾销进口产品的进口经营者有证据证明已缴纳的反倾销税税额超过倾销幅度的，可以向商务部提出退税申请。商务部经审查、核实后提出建议，国务院关税税则委员会根据商务部的建议作出退税决定，由海关执行。

对于新出口经营者，反倾销条例规定，进口产品被征收反倾销税后，在调查期间未向中华人民共和国出口该产品的新出口经营者，能证明其与被征收反倾销税的出口经营者无关联的，可以向商务部申请单独确定其倾销幅度。商务部应当迅速进行审查并作出终裁决定。在审查期间，可以采取要求提供现金保证金、保函或其他形式的担保，但不得对该产品征收反倾销税。

五、反倾销期限、复审与司法审查

（一）期限

反倾销税的征收期限与价格承诺的履行期限不超过5年。但是，经复审确定终止征收反倾销税有可能导致倾销和损害的继续或者再度发生的，反倾销税的征收期限可以适当延长。

（二）复审

反倾销税和价格承诺后，商务部经商国家有关部委，可以在有正当理由的情况下，决定对继续征收反倾销税与继续履行价格承诺的必要性进行复审。也可以在经过一段合理时间，应利害关系方的请求并对利害关系方提供的相应证据进行审查后决定进行复审。复审程序参照关于反倾销调查的有关规定执行。复审期限自决定复审开始之日起不超过12个月，复审期间，反倾销措施继续实施。在复审后根据其结果，由商务部提出保留、修改或者取消反倾销税的建议，国务院关税税则委员会根据商务部的建议作出决定，由商务部予以公告；或者由商务部经商国家有关部委后，作出保留、修改或者取消价格承诺的决定并予以公告。

（三）司法审查

有关利害关系方，对终裁决定不服的，对是否征收反倾销税的决定以及追溯征收、退税、新出口经营者征税的决定不服的，或者对复审决定不服的，可以依法申请行政复议，也可以依法由人民法院提起诉讼。为依法公正地审理反撤销行政案件，根据《中华人民共和国行政诉讼法》及其他有关法律的规定，2002年9月11日，最高人民法院审判委员会第1242次会议通过了《最高人民法院关于审理反倾销行政案件应用法律若干问题的规定》。该规定对可以受理的反倾销行政行为、申诉主体、被告与第三人、管辖法院、适用的法律、举证责任及相关规则、判决等均进一步作了明确规定，并自2003年1月1日起施行。

1. 受理反倾销行政行为范围

人民法院依法受理对下列反倾销行政行为提起的行政诉讼：

第一，有关倾销及倾销幅度、损害及损害程度的终裁决定；

第二，有关是否征收反倾销税的决定以及追溯征收、退税和对新出口经营者征税的决定；

第三，有关保留、修改或者取消反倾销税以及价格承诺的复审决定；

第四，依照法律、行政法规规定可以起诉的其他反倾销行政行为。

2. 申诉主体

与反倾销行政行为具有法律上利害关系的个人或者组织为利害关系人，可以依照行政诉讼法及其他有关法律、行政法规的规定，向人民法院提起行政诉讼。

这里所指利害关系人，是指向国务院主管部门提出反倾销调查书面申请的申请人，有关出口经营者和进口经营者及其他具有法律上利害关系的自然人、法人或者其他组织。

3. 被告与第三人

反倾销行政案件的被告，应当是作出相应被诉反倾销行政行为的国务院主管部门。与被诉反倾销行政行为具有法律上利害关系的其他国务院主管部门，可以作为第三人参加诉讼。

4. 管辖法院

第一审反倾销行政案件由下列人民法院管辖：

第一，被告所在地高级人民法院指定的中级人民法院；

第二，被告所在地高级人民法院。

5. 适用的法律

人民法院依照行政诉讼法及其他有关反倾销的法律、行政法规，参照国务院部门规章，对被诉反倾销行政行为的事实问题和法律问题进行合法性审查。人民法院审理反倾销行政案件，可以参照有关涉外民事诉讼程序的规定。

6. 举证责任及相关规则

被告对其作出的被诉反倾销行政行为负举证责任，应当提供作出反倾销行政行为的证据和所依据的规范性文件。人民法院依据被告的案卷记录审查被诉反倾销行政行为和合法性。被告在作出被诉反倾销行政行为时没有计入案卷的事实材料，不能作为认定该行为合法的根据。原告对其主张的事实有责任提供证据。经人民法院依照法定程序审查，原告提供的证据具有关联性、合法性和真实性的，可以作为定案的根据。被告在反倾销行政调查程序中依照法定程序要求原告提供证据，原告无正当利益拒不提供、不如实提供或者以其他方式严重妨碍调查，而在诉讼程序中提供的证据，人民法院不予采纳。在反倾销行政调查程序中，利害关系人无正当利益拒不提供证据、不如实提供证据或者以其他方式严重妨碍调查的，国务院主管部门根据能够获得的证据得出的事实结论，可以认定为证据充分。

7. 判决

人民法院审理反倾销行政案件，根据不同情况，分别作出以下判决：

第一，被诉反倾销行政行为证据确凿，适用法律、行政法规正确，符合法定程序的，判决维持；

第二，被诉反倾销行政行为有下列情形之一的，判决撤销或者部分撤销，并可以判决被告重新作出反倾销行政行为：主要证据不足的；适用法律、行政法规错误的；违反法定程序的；超越职权的；滥用职权的；

第三，依照法律或者司法解释规定作出的其他判决。

六、反规避、歧视性措施

根据反倾销条例第55条、第56条的规定，商务部可以采取适当措施，防止规避反倾销措施的行为。任何国家（地区）对中华人民共和国的出口产品采取歧视性反倾销措施的，中华人民共和国可以根据实际情况对该国家（地区）采取相应的措施。修订后的对外贸易法对反规避及歧视性措施作出了更为明确的规定。该法第50条规定："国家对规避本法规定的对外贸易救济措施的行为，可以采取必要的反规避措施"。第47条原则规定了反歧视的对等补救措施，即："与中华人民共和国缔结或者共同参加经济贸易条约、协定的国家或者地区，违反条约、协定的规定，使中华人民共和国根据该条约、协定享有的利益丧失或者受损，或者阻碍条约、协定目标实现的，中华人民共和国政府有权要求有关国家或者地区政府采取适当的补救措施，并可以根据有关条约、协定中止或者终止履行相关义务。"

【风险提示】

在中国境内，任何外商都必须遵守中国的法律。不得以任何方式倾销产品损害中国的产业。当然，中国政府也赋予外商充分的权利进行辩护，以维护其合法权益。作为外商应当充分掌握中国的相关法律法规的规定。

【相关案例】

案例1 商务部对进口甲硫氨酸进行反倾销立案调查

中华人民共和国商务部于2019年3月4日收到宁夏紫光天化蛋氨酸有限责任公司（以下简称"申请人"）代表国内甲硫氨酸产业正式提交的反倾销调查申请，申请人请求对原产于新加坡、马来西亚和日本的甲硫氨酸进行反倾销调查。

商务部依据反倾销条例有关规定，对申请人的资格、申请调查产品的有关情况、中国同类产品的有关情况、申请调查产品对国内产业的影响、申请调查国家的有关情况等进行了审查。根据申请人提供的证据和商务部的初步审查，申请人甲硫氨酸的产量在2016年、2017年和2018年均占同期中国同类产品总产量的50%以上，符合反倾销条例第11条和第13条有关国内产业提出反倾销调查申请的规定。同时，申请书中包含了反倾销条例第14条、第15条规定的反倾销调查立案所要求的内容及有关证据。

根据上述审查结果，依据反倾销条例第16条的规定，商务部决定自2019年4月10日起对原产于新加坡、马来西亚和日本的进口甲硫氨酸进行反倾销立案调查。

调查范围为原产于新加坡、马来西亚和日本的进口甲硫氨酸。被调查产品名称为甲硫氨酸，俗称蛋氨酸。调查期限为：倾销调查期为2018年1月1日至2018年12月31日；产业损害调查期为2016年1月1日至2018年12月31日。

案例2　商务部对巴西白羽肉鸡产品反倾销认定

2017年6月28日，中国畜牧业协会（以下简称“申请人”）代表国内白羽肉鸡产业，正式向调查机关商务部提起对原产于巴西的进口白羽肉鸡产品进行反倾销调查的申请。

调查机关审查了申请材料，认为申请人符合反倾销条例第11条、第13条和第17条有关中国国内产业提出反倾销调查申请的规定。同时，申请书中包含了反倾销条例第14条、第15条规定的反倾销调查立案所要求的内容及有关的证据。根据上述审查结果及反倾销条例第16条的规定，调查机关于2017年8月18日发布公告，决定对原产于巴西的进口白羽肉鸡产品进行反倾销立案调查。倾销调查期为2016年4月1日至2017年3月31日（以下简称“倾销调查期”）。产业损害调查期为2013年1月1日至2017年3月31日（以下简称“损害调查期”）。调查内容为被调查产品是否存在倾销和倾销幅度、被调查产品是否对国内白羽肉鸡产业造成损害及损害程度以及倾销与损害之间的因果关系。

在决定立案调查前，根据反倾销条例第16条规定，调查机关就收到

《中国白羽肉鸡产业反倾销调查申请书》一事通知了巴西驻华大使馆。2017年8月18日，调查机关发布立案公告，并向巴西驻华大使馆正式提供了立案公告和申请书的公开版本。同日，调查机关将本案立案情况通知了本案申请人及申请书中列明的巴西出口商和生产商。

在规定时间内，有关利害关系人按立案公告要求向调查机关登记参加调查。在规定应诉登记期内，巴西共有26家公司登记应诉。由于登记参加调查的涉案企业较多，调查机关决定采用抽样调查的方法对巴西企业进行反倾销调查，并采用了问卷调查、听取利害关系方意见（如听证会、接收利害关系方评论意见、会见有关利害关系方等）和初裁前实地核查等调查方式。

2018年6月8日，调查机关发布初裁公告，初步认定原产于巴西的进口白羽肉鸡产品存在倾销，国内白羽肉鸡产业受到实质损害，而且倾销与实质损害之间存在因果关系。公告决定自2018年6月9日起，对被调查产品实施临时反倾销措施。

初裁后披露了有关信息，向已知的涉案企业披露并说明了初裁决定中计算公司倾销幅度时所依据的基本事实和理由，并给予其提出评论意见的机会，然后进行了初裁后的实地核查。

有关利害关系人先后提交了《价格承诺申请》。2018年8月1日，申请人提交了《申请人对巴西生产商申请价格承诺的评论意见》。终裁前，调查机关依据反倾销条例第25条规定，向巴西驻华大使馆和已知的涉案企业披露并说明了本次反倾销调查终裁决定所依据的基本事实，给予了上述利害关系方提出评论意见的机会。

最后，调查机关经调查核实并最终裁定，原产于巴西的进口白羽肉鸡存在倾销，国内白羽肉鸡产业受到了实质损害，且倾销与实质损害之间存在因果关系。根据反倾销条例第38条规定，商务部向国务院关税税则委员会提出征收反倾销税的建议，国务院关税税则委员会根据商务部的建议作出决定，自2019年2月17日起，对原产于巴西的进口白羽肉鸡产品征收反倾销税。反倾销税以海关审定的完税价格从价计征，计算公式为：反倾销税额 = 海关完税价格 × 反倾销税税率。进口环节增值税以海关审定的完税价格加上关税和反倾销税作为计税价格从价计征。

对自2018年6月9日至2018年10月8日有关进口经营者依初裁公告向中华人民共和国海关所提供的保证金，按终裁所确定的征收反倾销税的产品范围和反倾销税税率计征并转为反倾销税，并按相应的增值税税率计征进口环节增值税。在此期间有关进口经营者所提供的保证金超出反倾销税的部分，以及由此多征的进口环节增值税部分，海关予以退还，少征部分则不再征收。

对2018年6月9日之前及2018年10月9日至2019年2月16日进口的原产于巴西的白羽肉鸡产品不追溯征收反倾销税。

案例3　商务部对进口不锈钢钢坯和不锈钢热轧板/卷反倾销作出初裁，并采取临时反倾销措施

根据反倾销条例的规定，2018年7月23日，商务部（以下简称“调查机关”）发布2018年第62号公告，决定对原产于欧盟、日本、韩国和印度尼西亚的进口不锈钢钢坯和不锈钢热轧板/卷（以下简称“被调查产品”）进行反倾销立案调查。

调查机关对被调查产品是否存在倾销和倾销幅度、被调查产品是否对国内不锈钢钢坯和不锈钢热轧板/卷产业造成损害及损害程度以及倾销与损害之间的因果关系进行了调查。调查机关初步认定，原产于欧盟、日本、韩国和印度尼西亚的进口不锈钢钢坯和不锈钢热轧板/卷存在倾销，国内不锈钢钢坯和不锈钢热轧板/卷产业受到实质损害，而且倾销与实质损害之间存在因果关系。

根据反倾销条例第28条和第29条的规定，调查机关决定采用保证金形式实施临时反倾销措施。自2019年3月23日起，进口经营者在进口被调查产品时，应依据本初裁决定所确定的各公司的保证金比率向中华人民共和国海关提供相应的保证金。

对各公司征收的保证金比率如下：

欧盟公司：43.0%

日本公司：

1. 日本冶金工业株式会社18.1%

（NIPPON YAKIN KOGYO CO.，LTD）

2. 其他日本公司29.0%

（All Others）

韩国公司：

1. 株式会社 POSCO 23.1%
(POSCO)
2. 其他韩国公司 103.1%
(All Others)
印度尼西亚公司：20.2%

自2019年3月23日起，进口经营者在进口原产于欧盟、日本、韩国和印度尼西亚的进口不锈钢钢坯和不锈钢热轧板/卷时，应依据本初裁决定所确定的各公司的倾销幅度向中华人民共和国海关提供相应的保证金。保证金以海关审定的完税价格从价计征，计算公式为：保证金金额 =（海关审定的完税价格×保证金征收比率）×（1+进口环节增值税税率）。

案例4　对原产于日本的进口电解电容器纸继续采取反倾销措施

2013年4月18日，商务部发布2013年第19号公告，决定对原产于日本的进口电解电容器纸继续实施最终反倾销措施，实施期限为自2013年4月18日起5年。

2018年4月17日，商务部发布2018年第28号公告，决定自2018年4月18日起对日本的进口电解电容器纸所适用的反倾销措施进行期终复审调查。

商务部对如果终止反倾销措施，原产于日本的进口电解电容器纸倾销继续或再度发生的可能性以及对中国电解电容器纸产业造成的损害继续或再度发生的可能性进行了调查。根据调查结果，商务部裁定，如果终止反倾销措施，原产于日本的进口电解电容器纸对中国的倾销可能继续或再度发生，对中国国内产业造成的损害可能继续或再度发生。依据反倾销条例第50条的规定，商务部根据调查结果向国务院关税税则委员会提出继续实施反倾销措施的建议。国务院关税税则委员会根据商务部的建议作出决定，自2019年4月18日起，对原产于日本的进口电解电容器纸继续征收反倾销税，实施期限5年。反倾销税以海关审定的完税价格从价计征，计算公式为：反倾销税税额 = 海关完税价格 ×反倾销税税率。进口环节增值税以海关审定的完税价格加上关税和反倾销税作为计税价格从价计征。

【法条指引】

中华人民共和国对外贸易法（节录）

第四十条 国家根据对外贸易调查结果，可以采取适当的对外贸易救济措施。

第四十一条 其他国家或者地区的产品以低于正常价值的倾销方式进入我国市场，对已建立的国内产业造成实质损害或者产生实质损害威胁，或者对建立国内产业造成实质阻碍的，国家可以采取反倾销措施，消除或者减轻这种损害或者损害的威胁或者阻碍。

第四十二条 其他国家或者地区的产品以低于正常价值出口至第三国市场，对我国已建立的国内产业造成实质损害或者产生实质损害威胁，或者对我国建立国内产业造成实质阻碍的，应国内产业的申请，国务院对外贸易主管部门可以与该第三国政府进行磋商，要求其采取适当的措施。

中华人民共和国反倾销条例（节录）

第一条 为了维护对外贸易秩序和公平竞争，根据《中华人民共和国对外贸易法》的有关规定，制定本条例。

第二条 进口产品以倾销方式进入中华人民共和国市场，并对已经建立的国内产业造成实质损害或者产生实质损害威胁，或者对建立国内产业造成实质阻碍的，依照本条例的规定进行调查，采取反倾销措施。

第三条 倾销，是指在正常贸易过程中进口产品以低于其正常价值的出口价格进入中华人民共和国市场。

对倾销的调查和确定，由商务部负责。

第五十七条 商务部负责与反倾销有关的对外磋商、通知和争端解决事宜。

第二节 反补贴制度

【规则要点】

反补贴是针对获得补贴的进口商品征收反补贴税，以避免或消除其对本国产业造成损害的行为。中国反补贴法律制度包括三个层次：法律、行政法规、部门规章。

实施反补贴措施，首先必须确定进口产品存在补贴、国内产业存在损害、补贴与损害之间存在因果关系。反补贴调查程序主要包括申请、受理、调查、采取反补贴措施、复审等。任何利害关系方对商务部的终裁决定、对是否征收反补贴税的决定以及追溯征收的决定不服的，可以依法申请行政复议，也可以向人民法院提起诉讼。

【理解与适用】

补贴，是指政府或公共机构对本国的生产企业或出口商提供的财政资助以及对其收入和价格的支持。补贴又是一国政府调整和干预经济活动的重要方式与手段，体现一国政府在一定时期之内的政策倾向，影响一个国家或地区的总体经济发展。在一国对外贸易政策中，政府或公共机构向当地生产企业、出口商提供现金补贴或财政上的优惠，其目的显然在于提高出口商品在国际市场上的竞争力，扩大和促进本国产品的出口。因为，一方面，接受补贴的出口产品，人为地降低了生产成本，通过获取补贴提高了出口竞争力。出口商品可以低于成本的价格或低于竞争对手的价格在国际市场上销售，打击竞争对手，抢占市场份额，扩大产品出口。另一方面，补贴政策可以刺激出口，鼓励企业出口的积极性，以出口带动和促进本国或地区的经济发展。

反补贴则是针对出口国政府以人为的方式扭曲正常的竞争和改变出口企业在国际市场上竞争地位的补贴事实，采取的一种对获得补贴的进口商品征收反补贴税，以避免或消除其对本国产业造成损害的行为。鉴于补贴属于不公平竞争行为，不公平竞争会使进口国的相关产业受到严重损害，所以为消除补贴带来的不良影响，世界上许多国家制定了有关反补贴的法律，GATT/WTO 多边贸易体制为了协调成员的反补贴法，对补贴及其征收反补贴税的条件作了规定，形成了反补贴制度的国际统一规范。

一、中国反补贴法律制度

中国反补贴法律制度包括三个层次：法律、行政法规、部门规章。

（一）法律

1994 年对外贸易法首次对中国的反补贴问题以法律的形式进行了规定。该法第 31 条规定："进口的产品直接或者间接地接受出口国给予的任何形式的补贴，并由此对国内已建立的相关产业造成实质损害或者产生实质损害的威胁，或者对国内建立相关产业造成实质阻碍时，国家可以采取必要措施，消除或者减轻这种损害或者损害的威胁或者阻碍。"这就是中国反补贴的基本法，是其他反补贴法规和部门规章的立法基础与执法依据。这一规定是当时中国对外贸易法制积极与世界接轨，遵循国际规则与惯例的重大举措，主要参照《关税及贸易总协定》第 6 条、第 16 条以及东京回合《补贴与反补贴守则》、乌拉圭回合《补贴与反补贴措施协议》的内容。对补贴进口产品启动调查并加征反补贴税，是 WTO 所允许的合法限制外国不公平贸易的做法。它与反倾销、保障措施一起构成保护国内产业和市场的重要手段。对外贸易法将其纳入基本法体系，作为依法控制外国产品以不公平的方式向中国出口，避免或消除进口产品对国内产业和市场造成损害的主要手段，具有十分重大的意义。

2016 年修正后的对外贸易法第 43 条对反补贴作出了更为明确的规定，该条规定："进口的产品直接或者间接地接受出口国家或者地区给予的任何形式的专向性补贴，对已建立的国内产业造成实质损害或者产生实质损害威胁，或者对建立国内产业造成实质阻碍的，国家可以采取反补贴措施，消除或者减轻这种损害或者损害的威胁或者阻碍。"上述规定与 WTO 反补贴规则更趋一致。

（二）行政法规

反补贴条例于 2001 年 11 月 26 日以中华人民共和国国务院令第 329 号公布，2004 年 3 月 31 日中华人民共和国国务院令第 402 号进行了修订。该条例分总则、补贴与损害、反补贴调查、反补贴措施、反补贴税和承诺的期限与复审、附则 6 章 58 条，自 2002 年 1 月 1 日起施行。

（三）部门规章

国务院有关部门制定了一系列部门规章，如《反补贴调查立案暂行规则》《反补贴产业损害调查规定》《反补贴调查实地核查暂行规则》《反补贴问卷调查暂行规则》等部门规章。

有关反补贴的部门规章既是为保障法律、行政法规有效实施的进一步具体化，又是操作的规范与章程，对于启动反补贴调查、实施反补贴措施同样具有重要的意义。

另外，最高人民法院出台了《最高人民法院关于审理反补贴行政案件应用法律若干问题的规定》。

二、实施反补贴措施的条件

实施反补贴措施，首先必须确定进口产品存在补贴、国内产业存在损害、补贴与损害之间存在因果关系。

（一）补贴的认定

根据反补贴条例第 3 条的规定，补贴是指出口国（地区）政府或者其任何公共机构提供的并为接受者带来利益的财政资助以及任何形式的收入或者价格支持。

财政资助包括：（1）出口国（地区）政府（包括任何公共机构，下同）以拨款、贷款、资本注入等形式直接提供资金，或者以贷款担保等形式潜在地直接转让资金或者债务；（2）出口国（地区）政府放弃或者不收缴应收收入；（3）出口国（地区）政府提供除一般基础设施以外的货物、服务、或者由出口国（地区）政府购买货物；（4）出口国（地区）政府通过向筹资机构付款，或者委托、指令私营机构履行上述职能。

认定进口产品存在补贴，并依照反补贴法进行调整和采取反补贴措施，还必须确定补贴具有专向性。有下列情形之一的补贴，具有专向性：

其一，由出口国（地区）政府明确确定的某些企业、产业获得的补贴。

其二，由出口国（地区）法律、法规明确规定的某些企业、产业获得的补贴。

其三，指定特定区域内的企业、产业获得的补贴。

其四，以出口实绩为条件获得的补贴，包括反补贴条例所附出口补贴清单列举的各项补贴。

出口补贴清单内容包括：

第一，出口国（地区）政府根据出口实绩对企业、产业提供的直接补贴。

第二，与出口奖励有关的外汇留成或者类似做法。

第三，出口国（地区）政府规定或者经出口国（地区）政府批准对出口货物提供的国内运输或者运费条件优于对国内货物提供的条件。

第四，出口国（地区）政府直接或者间接地为生产出口产品提供产品或者服务的条件，优于其为生产国内产品提供的相关产品或者服务的条件，但特殊情形除外。

第五，对企业已付或者应付的与出口产品特别有关的直接税或者社会福利费，实行全部或者部分的减免或者延迟缴纳。

第六，在计算直接税征税基数时，直接与出口产品或者出口实绩相关地扣除优于国内产品的扣除。

第七，对与出口产品的生产和流通有关的间接税的减免或者退还，超过对国内同类产品所征收的间接税。

第八，对用于生产出口产品的货物或者服务所征收的先期累积间接税的减免、退还或者延迟缴纳，优于对用于生产国内同类产品的货物或者服务所征收的先期累积间接税的减免、退还或者延迟缴纳，但特殊情形除外。

第九，对与生产出口产品有关的进口投入物减免或者退还进口费用，超过对此类投入物在进口时所收取的费用，但特殊情形除外。

第十，出口国（地区）政府以不足以弥补长期营业成本和亏损的费率，提供的出口信贷担保或者保险，或者针对出口产品成本增加或者外汇风险提供保险或者担保。

第十一，出口国（地区）政府给予出口信贷的利率低于使用该项资金实际支付的利率，或者为出口商或者其他金融机构支付为获得贷款所产生的全部或者部分费用，使其在出口信贷方面获得优势，但特殊情形除外。

第十二，由公共账户支出的构成出口补贴的其他费用。

其五，以使用本国（地区）产品替代进口产品为条件获得的补贴。

在确定补贴专向性时，还应当考虑受补贴企业的数量和企业受补贴的数额、比例、时间以及给予补贴的方式等因素。

（二）损害的认定

损害，是指补贴对已经建立的国内产业造成实质损害或者产生实质损害威胁，或者对建立国内产业造成实质阻碍。

实质损害，是指对国内产业已经造成的、不可忽略的损害。实质损害威胁，是指对国内产业尚未造成实质损害，但有证据表明如果不采取措施将导致国内产业实质损害发生的明显可预见和迫近的情形。对建立国内产业的实质阻碍是指阻碍尚未建立的国内产业的形成和发展，致使该产业无法建立。

1. 确定实质损害应当审查的事项

在确定补贴对国内产业造成的损害时，应当审查以下事项：

（1）补贴进口产品的数量和补贴进口产品对国内同类产品价格的影响。

对补贴进口产品数量的审查，应包括补贴进口产品的绝对数量是否大量增加，或相对于国内同类产品生产或消费数量是否大量增加。审查补贴进口产品对国内同类产品价格的影响，应考察与国内同类产品价格相比，补贴进口产品是否大幅削价销售，或者补贴进口产品是否大幅压低国内同类产品价格，或在很大程度上抑制国内同类产品本应发生的价格增长。

（2）补贴进口产品对国内产业的影响。

审查补贴进口产品对国内产业的影响，应包括对影响国内产业状况的所有有关经济因素和指标的评估，包括销售、利润、产量、市场份额、生产率、投资收益状况或设备利用率存在的实际或潜在的下降；影响国内价格的因素；补贴幅度的大小；现金流、库存、就业、工资、产业增长、筹资或投资能力受到的实际或潜在的负面影响。对于农产品案件，还应当考虑是否给政府支持计划增加了负担。

在确定补贴对国内产业造成的实质损害时，还应当审查补贴的性质及对贸易造成的影响。

2. 确定实质损害威胁应审查的事项

确定实质损害威胁应当根据明显可预见和迫近的情形来判断，并且如果不采取措施，实质损害将会发生。对实质损害威胁的确定，应当依据事实，不得仅依据指控、推测或者极小的可能性。

确定实质损害威胁，还应审查但不限于以下因素：

（1）补贴的性质及可能对贸易造成的影响；

（2）表明进口很可能发生实质增长的补贴产品进口的大幅增长率；

（3）表明进口很可能发生实质增长的补贴进口产品生产者生产能力的

增长。在采用这一指标时应考虑其他国家（地区）市场可能吸收的增加的出口量；

（4）进口产品是否正以将大幅压低或抑制国内同类产品价格的价格进口，并且将很可能导致对进口产品需求的增加；

（5）被调查产品的库存情况。

3. 确定实质阻碍应审查的因素

确定对建立国内产业的实质阻碍，还应审查但不限于以下因素：

（1）国内产业的建立或筹建情况；

（2）国内需求的增长情况及其影响；

（3）补贴进口产品对国内市场状况的影响；

（4）补贴进口产品的后续生产能力和在国内市场的发展趋势。

4. 累积评估

补贴进口产品来自两个以上国家（地区），并且同时满足下列条件的，可以就补贴进口产品对国内产业造成的影响进行累积评估：

（1）来自每一国家（地区）的补贴进口产品的补贴金额不属于微量补贴，并且其进口量不属于可忽略不计的。所谓微量补贴，是指补贴金额不足产品价值1%的补贴；但是，来自发展中国家（地区）的补贴进口产品的微量补贴，是指补贴金额不足产品价值2%的补贴。

（2）根据补贴进口产品之间的竞争条件以及补贴进口产品与国内同类产品之间的竞争条件，进行累积评估是适当的。

在进行累积评估时，可以考虑以下因素：

（1）来自不同国家（地区）的补贴进口产品对国内产业损害的持续性和可能性等情况；

（2）来自不同国家（地区）的补贴进口产品与国内同类产品之间的可替代程度，包括特定客户的要求及产品质量等相关因素；

（3）来自不同国家（地区）的补贴进口产品和国内同类产品在同一地区的市场上的销售价格、卖方报价和实际成交价格；

（4）来自不同国家（地区）的补贴进口产品和国内同类产品是否存在相同或者相似的销售渠道，是否在市场上同时出现；

（5）补贴进口产品之间以及补贴进口产品与国内同类产品之间的其他竞争条件；

（6）其他因素。

（三）因果关系的认定

损害与补贴进口产品之间必须存在因果关系。否则，不得对补贴进口产品征收反补贴税或者采取其他反补贴措施。在确定补贴对国内产业造成的损害时，应当依据肯定性证据，不得将造成损害的非补贴因素归因于补贴。对实质损害威胁的确定，应当依据事实，不得仅依据指控、推测或者极小的可能性。

三、反补贴调查程序

（一）申请

国内产业或者代表国内产业的自然人、法人或者有关组织（以下统称"申请人"），可以依照有关规定向商务部提出反补贴调查的书面申请。

1. 申请人

国内产业或者代表国内产业的自然人、法人或者有关组织是提起反补贴调查申请的申请人。

国内产业是指中华人民共和国国内同类产品的全部生产者，或者其总产量占国内同类产品全部总产量50%以上的生产者。申请人的产量占国内同类产品总产量虽不足50%，但如果表示支持申请和反对申请的国内生产者中，支持者的产量占支持者和反对者的总产量的50%以上，并且表示支持申请的国内生产者的产量不低于同类产品总产量25%的，该申请应视为代表国内产业提出。

国内产业十分分散而涉及生产者数量巨大时，商务部可以采用统计学上有效的抽样方式审查申请人的资格。国内生产者与出口商或者进口商有关联的，或者其本身为申请调查的产品或者其同类产品的进口商的，应当排除在国内产业之外。

除上述申请发起反补贴调查之外，在特殊情形下，商务部没有收到反补贴调查的书面申请，但有充分证据认为存在补贴和损害以及二者之间有因果关系的，经商国家有关部委后，可以决定立案，主动发起反补贴调查。

2. 提出申请书并提交有关证据材料

反补贴调查申请应以书面形式提出。申请书应载明正式请求商立案进行反补贴调查的意思表示，并由申请人或其合法授权人盖章或签字。

申请书应当包括下列内容：

（1）申请人的名称、地址及有关情况；

（2）对申请调查的进口产品的完整说明，包括产品名称、所涉及的出口国（地区）或者原产国（地区）、已知的出口经营者或者生产者等；

（3）对国内同类产品生产的数量和价值的说明；

（4）申请调查进口产品的数量和价格对国内产业的影响；

（5）申请人认为需要说明的其他内容。

申请书应当附具下列证据：

（1）申请调查的进口产品存在补贴；

（2）对国内产业的损害；

（3）补贴与损害之间存在因果关系。

3. 提交方式

申请人可以以邮寄、直接送达或者其他方式将申请书及附具的证据材料递交商务部。

申请书应当采用中文印刷体的形式；国家有统一规定术语的，应当采用规范词语。申请应当分为保密文本（如果申请人提出保密申请）和公开文本；保密文本应当提交正本 1 份，副本 6 份；公开文本除提交正本 1 份，副本 6 份外，还应当按已知的申请调查进口产品的出口国（地区）的数量提供副本，如涉及已知的申请调查进口产品的出口国（地区）的数量过多，可以适当减少但不能低于 5 份。申请人正式递交申请书及证据材料的，商务部应予签收；签收之日为商务部收到申请书及证据材料之日。

（二）受理

对反补贴产业损害的调查，由商务部负责。根据商务部 2003 年 10 月 17 日发布的《反补贴产业损害调查规定》第 3 条的规定，“中华人民共和国商务部（以下简称商务部）负责反补贴产业损害的调查。涉及农产品的反补贴产业损害的调查。由商务部会同农业部进行。”

商务部应当自收到申请人提交的申请书及有关证据之日起 60 日内，对申请是否由国内产业或者代表国内产业提出、申请书内容及所附具的证据等进行审查后，决定立案调查或者不立案调查。在特殊情形下，可以适当延长审查期限。在决定立案调查前，调查机关应当就有关补贴事项向产品可能被调查的国家（地区）政府发出进行磋商的邀请。

（三）调查

1. 通知有关当事人

立案调查的决定，由商务部予以公告，并通知申请人、已知的出口经营者、进口经营者以及其他有利害关系的组织、个人（统称“利害关系方”）和出口国（地区）政府。

立案调查的决定一经公告，商务部应当将申请书文本提供给已知的出口经营者和出口国（地区）政府。

2. 应诉

利害关系方申请应诉产业损害调查的，应当自反补贴调查立案公告发布之日起20日内向商务部提出应诉申请，办理应诉登记；同时应提供产业损害调查期内应诉申请人的生产能力、产量、库存以及在建和扩建的计划；向中国出口该产品的数量及金额；进口经营者进口的数量及金额等情况。

3. 调查对象

商务部反补贴产业损害调查的对象包括国内生产者、国内进口经营者、国内购买者、国内最终消费者、国外出口经营者、国外生产者等。

4. 调查方式

第一，问卷、抽样、听证会、现场核查等方式。

调查机关可以采用问卷、抽样、听证会、现场核查等方式向利害关系方了解情况，进行调查。调查机关应当为有利害关系方、利害关系国（地区）政府提供陈述意见和论据的机会。

第二，实地调查。

应利害关系方请求或者根据调查需要，经有关国家（地区）同意，商务部可以派出人员赴该国家（地区）对有关产品的生产能力、投资扩产、库存、原产或转口及企业间的关联关系等情况进行调查。

调查机关进行调查时，利害关系方、利害关系国（地区）政府应当如实反映情况，提供有关资料。不如实反映情况、提供有关资料的，或者没有在合理时间内提供必要信息的，或者以其他方式严重妨碍调查的，调查机关可以根据可获得的事实作出裁定。

第三，进行听证。

应利害关系方的请求，或者商务部认为有必要的，可以举行产业损害听证。利害关系方均有权按照调查机关规定的时限和方式报名参加听证会。任何一方均无必须出席听证会的义务。未出席听证会不损害该利害关系方通过其他方式向调查机关表达意见并陈述理由的正当权利。

5. 磋商

在反补贴调查期间，调查机关应当给予产品被调查的国家（地区）政府继续进行磋商的合理机会，但不妨碍调查机关依法进行调查并采取反补贴措施。

6. 调查期限

反补贴调查，应当自立案调查决定公告之日起12个月内结束；特殊情况下可以延长，但延长期不得超过6个月。

7. 调查终止

有下列情形之一的，反补贴调查应当终止，并由商务部予以公告：

（1）申请人撤销申请的；

（2）没有足够证据证明存在补贴、损害或者二者之间有因果关系的；

（3）补贴金额为微量补贴的；

（4）补贴进口产品实际或者潜在的进口量或者损害属于忽略不计的；

（5）通过与有关国家（地区）政府磋商达成协议，不需要继续进行反补贴调查的；

（6）商务部认为不适宜继续进行反补贴调查的。

（四）初裁与终裁

商务部根据调查结果，分别就补贴、损害作出初裁决定，并就两者之间的因果关系是否成立作出初裁决定，由商务部予以公告。初裁决定确定补贴、损害以及两者之间的因果关系成立的，商务部应当对补贴及补贴金额、损害及损害程度继续进行调查，并根据调查结果分别作出终裁决定，由商务部予以公告。在作出终裁决定前，商务部应当将终裁决定所依据的基本事实通知所有已知的利害关系方、利害关系国（地区）政府。

四、反补贴措施

（一）临时措施

初裁决定确定补贴成立，并由此对国内产业造成损害的，可以采取临时反补贴措施。但自反补贴立案调查决定公告之日起60日内，不得采取临时反补贴措施。

临时反补贴措施采取以现金保证金或者保函作为担保和征收临时反补贴税的形式。采取临时反补贴措施，由商务部提出建议，国务院关税税则委员会根据商务部的建议作出决定，由商务部予以公告，海关自公告规定实施之日起执行。临时反补贴措施实施的期限，自临时反补贴措施决定公告规定实施之日起，不超过4个月。

（二）承诺

在反补贴调查期间，出口国（地区）政府提出取消、限制补贴或者其他有关措施的承诺，或者出口经营者提出修改价格的承诺的，商务部应当予以充分考虑。同时，商务部可以向出口经营者或者出口国（地区）政府提出有关价格承诺的建议，但调查机关不得强迫出口经营者作出承诺。

调查机关对补贴以及由补贴造成损害作出肯定的初裁决定前，不得寻求或者接受承诺。在出口经营者作出承诺的情况下，未经其本国（地区）政府同意的，调查机关也不得寻求或者接受承诺。

商务部认为承诺能够接受的，可以决定中止或者终止反补贴调查，不采取临时反补贴措施或者征收反补贴税。中止或者终止反补贴调查的决定由商务部予以公告。商务部认为承诺不能接受的，应当向有关出口经营者说明理由。在有关承诺生效，调查机关中止或终止反补贴调查后，应出口国（地区）政府请求或者调查机关认为有必要，调查机关可以对补贴和损害继续进行调查。根据调查结果，作出补贴或者损害的否定裁定的，承诺自动失效；作出补贴或者损害的肯定裁定的，承诺继续有效。

商务部可以要求承诺已被接受的出口经营者或者出口国（地区）政府定期提供履行其承诺的有关情况、资料，并予以核实。对违反承诺的，可以立即决定恢复反补贴调查。

（三）征收反补贴税

在为完成磋商的努力没有取得效果的情况下，终裁决定确定补贴成立，并由此对国内产业造成损害的，可以征收反补贴税。征收反补贴税，由商务部提出建议，国务院关税税则委员会根据商务部的建议作出决定，由商务部予以公告，海关自公告规定实施之日起执行。

反补贴税的纳税人为补贴进口产品的进口经营者。反补贴税应当根据不同出口经营者的补贴金额分别确定。对实际上未被调查的出口经营者的补贴进口产品，需要征收反补贴税的，应当迅速审查，按照合理的方式确定对其适用的反补贴税。反补贴税税额不得超过终裁决定的补贴金额。

终裁决定确定存在实质损害，并在此前已经采取临时反补贴措施的，反补贴税可以对已经实施临时反补贴措施的期间追溯征收。终裁决定确定存在实质损害威胁，在先前不采取临时反补贴措施将会导致后来作出实质损害裁定的情况下已经采取临时反补贴措施的，反补贴税可以对已经实施临时反补贴措施的期间追溯征收。终裁决定确定的反补贴税，高于现金保证金或者保函所担保的金额的，差额部分不予收取；低于现金保证金或者保函所担保的金额的，差额部分应当予以退还。

下列三种情形并存的，必要时可以对实施临时反补贴措施之日前 90 天内进口的产品追溯征收反补贴税：

（1）补贴进口产品在较短的时间内大量增加；（2）此种增加对国内产业造成难以补救的损害；（3）此种产品得益于补贴。

终裁决定确定不征收反补贴税的，或者终裁决定未确定追溯征收反补贴税的，对实施临时反补贴措施期间已收取的现金保证金应当予以退还，保函应当予以解除。

反补贴税的征收期限和承诺的履行期限不超过 5 年。但是，经复审确定终止征收反补贴税有可能导致补贴和损害的继续或者再度发生的，反补贴税的征收期限可以适当延长。

五、复审

反补贴税和承诺生效后，商务部可以在有正当理由的情况下，决定对继续征收反补贴税和继续履行承诺的必要性进行复审。也可以在经过一段合理时间，应利害关系方的请求并对利害关系方提供的相应证据进行审查后，决定对继续征收反补贴税和继续履行承诺的必要性进行复审。根据复审结果，由商务部提出保留、修改或者取消反补贴的建议，国务院关税税则委员会根据建议作出决定，由商务部予以公告；或者由商务部作出保留、修改或者取消承诺的决定并予以公告。复审程序参照反补贴调查的有关规定执行。复审期限自决定复审之日起，不超过 12 个月。在复审期间，复审程序不妨碍反补贴措施的实施。

六、司法审查

任何利害关系方，对商务部的终裁决定、对是否征收反补贴税的决定以及追溯征收的决定不服的，或者对作出的复审决定不服的，可以依法申请行政复议，也可以向人民法院提起诉讼。为依法公正地审理反补贴行政案件，根据行政诉讼法及其他有关法律的规定，2002 年 9 月 11 日由最高人民法院审判委员会第 1242 次会议通过了《最高人民法院关于审理反补贴行政案件应用法律若干问题的规定》。该规定对可以受理的反补贴行政行为、申诉主体、被告与第三人、管辖法院、适用的法律、举证责任及相关规则、判决等均进一步作了明确规定。

（一）反补贴行政行为的受案范围

人民法院依法受理对下列反补贴行政行为提起的行政诉讼：

第一，有关补贴及补贴金额、损害及损害程度的终裁决定；

第二，有关是否征收反补贴税以及追溯征收的决定；

第三，有关保留、修改或者取消反补贴税以及承诺的复审决定；

第四，依照法律、行政法规规定可以起诉的其他反补贴行政行为。

（二）起诉主体

利害关系人可以依照行政诉讼法及其他有关法律、行政法规的规定，向人民法院提起行政诉讼。利害关系人，是指向国务院主管机关提出反补贴调查书面申请的申请人，有关出口经营者和进口经营者及其他具有法律上利害关系的自然人、法人或者其他组织。

（三）被告与第三人

反补贴行政案件的被告，应当是作出相应被诉反补贴行政行为的国务院主管部门。与被诉反补贴行政行为具有法律上利害关系的其他国务院主管部门，可以作为第三人参加诉讼。

（四）管辖法院

第一审反补贴行政案件由下列人民法院管辖：

第一，被告所在地高级人民法院指定的中级人民法院；

第二，被告所在地高级人民法院。

（五）适用的法律

人民法院依照行政诉讼法及其他有关反补贴的法律、行政法规，参照国务院部门规章，对被诉反补贴行政行为的事实问题和法律问题，进行合法性审查。人民法院审理反补贴行政案件，可以参照有关涉外民事诉讼程序的规定。

（六）举证责任及相关规则

被告对其所作出的被诉反补贴行政行为负举证责任，应当提供作出反补贴行政行为的证据和所依据的规范性文件。人民法院依据被告的案卷记录审查被诉反补贴行政行为的合法性。被告在作出被诉反补贴行政行为时没有记入案卷的事实材料，不能作为认定该行为合法的根据。原告对其主张的事实有责任提供证据。经人民法院依照法定程序审查，原告提供的证据具有关联性、合法性和真实性，可以作为定案的根据。被告在反补贴行政调查程序中依照法定程序要求原告提供证据，原告无正当理由拒不提供、不如实提供或者以其他方式严重妨碍调查，而在诉讼程序中提供的证据，人民法院不予采纳。在反补贴行政调查程序中，利害关系人无正当理由拒不提供证据、不如实提供证据或者以其他方式严重妨碍调查的，国务院主管部门根据能获得的证据得出的事实结论，可以认定为证据充分。

（七）判决

人民法院审理反补贴行政案件，根据不同情况，分别作出以下判决：

第一，被诉反补贴行政行为证据确凿，适用法律、行政法规正确，符合法定程序的，判决维持。

第二，被诉反补贴行政行为有下列情形之一的，判决撤销或者部分撤销，并可以判决被告重新作出反补贴行政行为：（1）主要证据不足的；（2）适用法律、行政法规错误的；（3）违反法定程序的；（4）超越职权的；（5）滥用职权的。

第三，依照法律或者司法解释规定作出的其他判决。

【风险提示】

中国商务部决定采取反倾销调查时，利害关系人应当积极应诉，必要时应当作出价格承诺。若对最终裁决不服，可以依法提起行政诉讼。

【相关案例】

案例1　商务部对澳大利亚大麦进行反补贴立案调查

中华人民共和国商务部于2018年10月29日收到中国国际商会（以下简称“申请人”）代表国内大麦产业正式提交的反补贴调查申请，申请人请求对原产于澳大利亚的进口大麦进行反补贴调查。根据反补贴条例第16条规定，2018年11月26日，商务部就有关反补贴调查事项向澳大利亚政府发出磋商邀请，并于12月18日与澳大利亚政府进行了磋商。

商务部依据反补贴条例有关规定，对申请人的资格、申请调查产品的有关情况、中国同类产品的有关情况、申请调查产品对国内产业的影响、申请调查国家（地区）的有关情况等进行了审查。根据申请人提供的证据和商务部的初步审查，申请人代表的大麦产量在2014年、2015年、2016年和2017年均占同期中国同类产品总产量的主要部分，符合反补贴条例第11条和第13条有关国内产业提出反补贴调查申请的规定。

申请书主张，申请调查产品接受了澳大利亚政府的补贴，澳大利亚大麦产业（企业）可能受益的补贴项目共计32项。申请书同时主张，申请调查产品进入中国市场数量大幅增长，价格大幅下降，国内产业遭受了损害，且申请调查产品所接受的补贴与国内产业损害存在因果关系。经审查，商务部认为申请书中包含了反补贴条例第14条、第15条规定的反补贴调查立案所要求的内容及有关证据。根据上述审查结果，依据反补贴条例第16条的规定，商务部决定自2018年12月21日起对原产于澳大利亚的进口大麦进行反补贴立案调查。

商务部确定此次调查的补贴调查期为2017年10月1日至2018年9月30日，产业损害调查期为2014年1月1日至2018年9月30日。调查范围为原产于澳大利亚的进口大麦。被调查产品名称为大麦，英文名称是Barley。

案例2　商务部对印度的邻氯对硝基苯胺反补贴调查裁定

根据反补贴条例的规定，2017年2月13日，商务部（以下简称“调查机关”）发布2017年第5号公告，决定对原产于印度的进口邻氯对硝基苯胺（以下简称“被调查产品”）进行反补贴立案调查。

调查机关对被调查产品是否存在补贴和补贴金额、被调查产品是否对国内邻氯对硝基苯胺产业造成损害及损害程度以及补贴与损害之间的因果关系进行了调查。

根据调查结果，调查机关初步认定，原产于印度的进口邻氯对硝基苯胺存在补贴，国内邻氯对硝基苯胺产业受到实质损害，而且补贴与实质损害之间存在因果关系。

根据反补贴条例第29条和第30条的规定，商务部向国务院关税税则委员会提出对原产于印度的进口邻氯对硝基苯胺采取临时反补贴措施的建议。国务院关税税则委员会根据商务部的建议作出决定，采取临时反补贴税保证金的形式对原产于印度的进口邻氯对硝基苯胺实施临时反补贴措施。进口经营者在进口被调查产品时，应依据初裁决定所确定的各公司从价补贴率向中华人民共和国海关提供相应的临时反补贴税保证金。

初裁确定的各公司从价补贴率如下：

阿迪工业有限公司：

Aarti Industries Limited　20.4%

其他印度公司：

All Others　166.0%

自2017年10月20日起，进口经营者在进口原产于印度的邻氯对硝基苯胺时，应依据本初裁决定所确定的各公司的从价补贴率向中华人民共和国海关提供相应的临时反补贴税保证金。临时反补贴税保证金以海关审定的完税价格作为计税价格从价计征，计征公式为：临时反补贴税保证金金额＝海关完税价格×临时反补贴税保证金比率；进口环节增值税保证金以海关审定的完税价格加上关税和临时反补贴税保证金作为计税价格从价计征。

初步裁定后，调查机关对补贴和补贴金额、损害及损害程度以及补贴与损害之间的因果关系进行了继续调查。根据反补贴条例第26条的规定，调查机关作出最终裁定。调查机关最终认定，原产于印度的进口邻氯对硝基苯胺存在补贴，国内邻氯对硝基苯胺产业受到实质损害，而且补贴与实质损害之间存在因果关系。根据反补贴条例第39条的规定，商务部向国务院关税税则委员会提出对原产于印度的进口邻氯对硝基苯胺征收反补贴税的建议。国务院关税税则委员会根据商务部的建议作出决定，自2018年2

月13日起，对原产于印度的进口邻氯对硝基苯胺征收反补贴税。进口经营者在进口被调查产品时，应依据本裁决所确定的各公司从价补贴率向中华人民共和国海关缴纳相应的反补贴税。

各公司从价补贴率如下：

阿迪工业有限公司：

Aarti Industries Limited 21.2%

其他印度公司：

All Others 166.8%

自2018年2月13日起，进口经营者在进口原产于印度的邻氯对硝基苯胺时，应依据本裁定所确定的各公司的反补贴税率向中华人民共和国海关缴纳相应的反补贴税。反补贴税以海关审定的完税价格作为计税价格从价计征，计征公式为：反补贴税税额＝海关完税价格×反补贴税税率；进口环节增值税以海关审定的完税价格加上关税和反补贴税作为计税价格从价计征。

对自2017年10月20日起至2018年2月12日有关进口经营者依初裁公告向中华人民共和国海关所提供的临时反补贴税保证金，按终裁所确定的征收反补贴税的商品范围和反补贴税税率计征并转化为反补贴税，并按相应的增值税税率计征进口环节增值税。对在此期间有关进口经营者所提供的保证金超出反补贴税和与之相应的进口环节增值税的部分，海关予以退还，少征部分则不再征收。

对实施临时反补贴措施决定公告之日前进口的原产于印度的邻氯，对硝基苯胺产品不再追溯征收反补贴税。

【法条指引】

中华人民共和国对外贸易法（节录）

第四十三条 进口的产品直接或者间接地接受出口国家或者地区给予的任何形式的专向性补贴，对已建立的国内产业造成实质损害或者产生实质损害威胁，或者对建立国内产业造成实质阻碍的，国家可以采取反补贴措施，消除或者减轻这种损害或者损害的威胁或者阻碍。

中华人民共和国反补贴条例（节录）

第一条 为了维护对外贸易秩序和公平竞争，根据《中华人民共和国对外贸易法》的有关规定，制定本条例。

第二条 进口产品存在补贴，并对已经建立的国内产业造成实质损害或者产生实质损害威胁，或者对建立国内产业造成实质阻碍的，依照本条例的规定进行调查，采取反补贴措施。

第五十四条 商务部可以采取适当措施，防止规避反补贴措施的行为。

第五十五条 任何国家（地区）对中华人民共和国的出口产品采取歧视性反补贴措施的，中华人民共和国可以根据实际情况对该国家（地区）采取相应的措施。

第五十六条 商务部负责与反补贴有关的对外磋商、通知和争端解决事宜。

第三节 保障措施

【规则要点】

保障措施主要通过提高关税和数量限制，或者两者并用来限制进口，以达到本国产业免受外国产品冲击的目的。中国保障措施的法律制度包括法律、行政法规和部门规章三个层次，对外贸易法是采取保障措施的基本法律依据。

实施保障措施应当满足三个条件：进口产品数量增加、国内产业严重损害或严重损害威胁、前两者间存在因果关系。保障措施调查程序主要有：申请、受理、调查、初裁与终裁。作出初裁决定的，可采取临时保障措施；作出终裁决定的，可以采取保障措施。保障措施实施期限超过3年的，应当进行中期复审。符合一定条件的，可对同一进口产品再次采取保障措施。

【理解与适用】

保障措施，亦称保障条款，在WTO法律框架中，是指进口国政府对

“危害”本国产业的进口产品所采取的紧急限制进口措施。因此，这里“保障措施”就是“进口限制”，主要通过提高关税和数量限制，或者两者并用来限制进口，以达到本国产业免受外国产品冲击的目的。

一、中国保障措施的法律制度

中国保障措施的法律制度主要包括三个层次，即法律、行政法规和部门规章。

（一）法律

对外贸易法对保障措施作了原则规定。根据2016年修正后的对外贸易法第44条规定：“因进口产品数量大量增加，对生产同类产品或者与其直接竞争的产品的国内产业造成严重损害或者严重损害威胁的，国家可以采取必要的保障措施，消除或者减轻这种损害或者损害的威胁，并可以对该产业提供必要的支持。”第45条规定：“因其他国家或者地区的服务提供者向我国提供的服务增加，对提供同类服务或者与其直接竞争的服务的国内产业造成损害或者产生损害威胁的，国家可以采取必要的救济措施，消除或者减轻这种损害或者损害的威胁。”第46条还规定：“因第三国限制进口而导致某种产品进入我国市场的数量大量增加，对已建立的国内产业造成损害或者产生损害威胁，或者对建立国内产业造成阻碍的，国家可以采取必要的救济措施，限制该产品进口。”上述三个条款以及第47条有关对等原则和第50条有关反规避措施的明确规定，为中国建立和完善符合WTO规则的保障措施制度奠定了坚实的法律基础。

（二）行政法规

保障措施条例（2004年3月31日修订）是中国现行保障措施法的一项重要法规，是对外贸易法有关保障措施条文的具体规范和细化。该条例共5章34条，主要内容包括：总则、调查、保障措施、保障措施的期限与复审、附则。

（三）《保障措施调查立案暂行规则》等部门规章

为保障有关保障措施法律、行政法规的相关规范有效实施，原外经贸部及其后的商务部等制定并发布了有关实施保障措施法律法规的部门规章。主要包括：

1. 《保障措施调查立案暂行规则》（原外经贸部2002年2月10日

颁布)；

2.《中华人民共和国对外贸易经济合作部保障措施调查听证会暂行规则》(原外经贸部2002年2月10日颁布)；

3.《保障措施产业损害调查规定》(商务部2003年10月17日发布)；

4.《关于保障措施产品范围调整程序的暂行规则》(原外经贸部2002年12月13日颁布)。

上述部门规章是对对外贸易法的进一步细化以及具体操作规程的规定，在启动保障措施调查、实施保障措施程序中同样具有重要的意义。

二、保障措施实施条件

保障措施条例第2条规定："进口产品数量增加，并对生产同类产品或者直接竞争产品的国内产业造成严重损害或者严重损害威胁（以下除特别指明外，统称损害）的，依照本条例的规定进行调查，采取保障措施。"可见，实施保障措施应当满足三个条件：进口产品数量增加、国内产业严重损害或严重损害威胁、前两者间存在因果关系。

（一）进口产品数量增加的认定

实施保障措施首先必须满足"进口产品数量增加"这一前提条件。如何认定这一条件呢？保障措施条例第7条规定："进口产品数量增加，是指进口产品数量的绝对增加或者与国内生产相比的相对增加。"

上述规定与WTO《保障措施协议》的规定是基本相似的。该协议规定的"数量增长"亦包括两种情况，即绝对增长和相对增长。绝对增长是指进口产品当期数量相对于前一可比时期的增加，而相对增长则指对于进口国国内生产而言进口产品所占市场份额的上升。此外，"数量增长"还应理解为有关产品的进口量大为增加。

（二）国内产业严重损害或严重损害威胁的认定

"国内产业"是指中华人民共和国国内同类产品或者直接竞争产品的全部生产者，或者其总产量占国内同类产品或者直接竞争产品全部总产量的主要部分的生产者。其中，同类产品是指与被调查进口产品相同的产品；没有相同产品的，以与被调查进口产品的特性最相似的产品为同类产品。直接竞争产品是指与被调查进口产品虽然不是同类产品，但是与被调查进口产品具有相近的用途和较强的可替代性，且具有直接竞争关系的产品。

在确定进口产品数量增加对国内产业造成严重损害或严重损害威胁的，应当审查下列相关因素：（1）进口产品的绝对和相对增长率与增长量；（2）增加的进口产品在国内市场中所占的份额；（3）进口产品对国内产业的影响，包括对国内产业在产量、销售水平、市场份额、生产率、设备利用率、利润与亏损、就业等方面的影响；（4）造成国内产业严重损害或严重损害威胁的其他因素。

对严重损害威胁的确定，应当依据事实，不能仅依据指控、推测或者极小的可能性。

“严重损害”或“严重损害威胁”是实施保障措施的另一项必备条件，它与“进口产品数量增加”条件共同构成实施保障措施的先决条件，二者缺一不可。

（三）因果关系的认定

认定了“进口产品数量增加”，确定了国内产业的“严重损害”或“严重损害威胁”，要实施保障措施还必须认定二者之间存在因果关系。根据保障措施条例第 8 条的规定，在确定进口产品数量增加对国内产业造成的损害时，不得将进口增加以外的因素对国内产业造成的损害归因于进口增加。

三、保障措施调查程序

（一）申请

1. 申请人

与国内产业有关的自然人、法人或者其他组织（以下统称“申请人”），可以向商务部提出保障措施调查申请。

2. 提交申请书

保障措施调查申请应以书面形式提出。申请书应载明正式请求商务部立案进行保障措施调查的意思表示，并由申请人或其合法授权人盖章或签字。

申请应当包括下列各项内容：

（1）申请人情况的说明；

（2）申请调查进口产品、国内同类产品或直接竞争产品的说明；

（3）已知的申请调查进口产品出口国（地区）、出口商、生产商以及进口商的情况；

（4）国内产业情况的说明；

（5）申请调查进口产品数量增长情况的说明；

（6）损害情况的说明；

（7）进口增长与损害之间因果关系的说明；

（8）请求；

（9）申请人认为需要说明的其他事项。

3. 提交有关证据资料

申请调查进口产品、国内同类产品或直接竞争产品，申请人应当提供下列证据资料：

（1）申请调查进口产品的详细说明包括名称、种类、规格、产品用途、市场情况、中华人民共和国进口关税税则号等；

（2）国内同类或者直接竞争产品的名称、种类、规格、产品用途、市场情况等；

（3）申请调查进口产品与国内同类或者直接竞争产品的异同点比较，包括产品的物理特征、化学性能、生产工艺、用途以及可替代性等方面；

（4）商务部认为需要提供的其他证据资料。

申请人还应当提供申请调查进口产品出口国（地区）、原产国（地区）名称，已知的申请调查进口产品的出口商、生产商和进口商的名称、地址和联系方式。

关于国内产业情况，申请人应当提供下列证据资料：

①所有已知的国内生产商以及相关协会、商会的名称、地址和联系方式；

②申请提出前5年内，所有生产商每年生产的同类或者直接竞争产品的国内生产总量；

③提出申请前5年内，申请人每年所生产的同类或者直接竞争产品的产量以及所占国内生产总量的份额；

④商务部认为需要提供的其他证据资料。

关于申请调查进口产品数量增长情况，申请人应当提供下列证据资料：

①提出申请前至少5年内该产品每年进口的数量及金额并以变动曲线图表予以表明；

②提出申请前至少5年内申请调查进口产品各出口国（地区）出口的绝对数量以及各国（地区）出口量占申请调查进口产品全部进口量的百分比；

③提出申请前至少5年内，从数量和金额两方面说明申请调查进口产品和国内同类产品或直接竞争产品各自在国内消费总量中所占份额；

④进口增长的原因的分析，考虑因素包括但不限于过去5年内针对该产品所征收的进口关税税率、申请调查进口产品可能享有的减让或优惠待遇的资料以及申请调查进口产品的出口价格等；

⑤商务部认为需要提供的其他证据资料。

以进口增加已经导致国内产业严重损害为由提出申请的，申请人应当提供下列证据资料：

①影响国内产业状况的所有相关的客观和可量化的因素或指标，特别是：申请调查进口产品按绝对值和相对值计算的进口增加的比率和数量，增加的进口所占国内市场的份额，以及销售水平、产量、生产率、设备利用率、利润和亏损以及就业的变化；

②申请调查进口产品价格对国内同类产品或直接竞争产品价格的影响的证据资料；

③商务部认为需要提供的其他证据资料。

以进口增加造成国内产业严重损害威胁为由提出申请的，申请人应当提供下列证据资料：

①申请调查进口产品出口国的出口能力、库存情况以及进口将可能继续增加的证据资料；

②相关因素或指标的明显迫近的变化趋势。

申请人在主张申请调查进口产品对国内产业的影响及提供证据材料时，应当针对国内同类产品或直接竞争产品的生产进行单独确定；不能针对国内同类产品或直接竞争产品的生产进行单独确定的，应当以包括国内同类产品或直接竞争产品在内的最窄产品组或者范围的生产确定。

申请人应当在申请书中说明要求采取保障措施的请求，可以说明要求采取措施的形式、具体内容、期限及理由等。

4. 提交方式

申请人应当以邮寄或直接送达等方式将申请书及证据材料递交。保障措施调查申请书及有关证据资料应以简体中文印刷体形式提交。国家有统一规定术语的，应当采用规范用语。如果申请人所提供的证据材料是外文的，申请人应当提供该材料的外文全文，并提供相关部分的中文翻译件。

（二）受理

商务部通常应在正式收到要求采取保障措施的书面申请后60日内作出是否立案的决定，情况特别复杂的，可以适当延长审查期限。商务部在规定的期间内可以要求申请人对其保障措施调查申请进行调整或补充，申请人不作调整或补充或未按要求的内容和时间调整或补充的，可以驳回申请人的申请，并通知申请人。

商务部决定立案的，应当发布立案公告。

公告应载明下列内容：(1) 申请调查进口产品的名称及说明；(2) 申请调查进口产品的出口国（地区）；(3) 立案依据材料的概要说明；(4) 发起保障措施调查的日期；(5) 保障措施调查期限；(6) 允许利害关系方提出意见的时限；(7) 调查机关的联系方式。

商务部应当在作出立案调查的决定后 7 个工作日内通知世界贸易组织保障措施委员会。

保障措施的调查除由申请人提出书面申请发起调查外，主管部门也可以主动发起调查。根据保障措施条例第 4 条的规定，商务部没有收到采取保障措施的书面申请，但有充分证据认为国内产业因进口产品数量增加而受到损害的，可以决定立案调查。

商务部决定不予立案的，则应当将不立案的决定通知申请人，并告之不予立案的理由。

（三）调查

1. 利害关系方可申请参加调查

利害关系方申请参加保障措施产业损害调查活动的，应当自保障措施调查立案公告发布之日起20 日内向商务部提出参加调查活动的申请，办理有关登记。同时，可以对保障措施产业损害调查中的产业损害发表意见，提供相应证据。

利害关系方包括以下范围：（1）被调查产品的外国（地区）生产者、出口经营者、国内进口经营者，或者该产品生产者、出口经营者、进口经营者的行业组织或者其他组织；（2）被调查产品的原产国（地区）、出口国（地区）的政府及其代表；（3）国内同类产品的生产者、经营者，或者该产品生产者、经营者的行业组织或者其他组织；（4）其他。

2. 调查对象

商务部保障措施产业损害调查的对象包括国内生产者、国内进口经营者、国内购买者、国内最终消费者、国外出口经营者、国外生产者等。

3. 调查方式

商务部可采取问卷、抽样、听证、技术鉴定、实地核查等调查方式进行产业损害调查。

商务部向利害关系方发放的调查问卷包括国内生产者调查问卷，国内进口商调查问卷，国内用户调查问卷，国外生产者、国外出口商调查问卷或者其他类型的调查问卷。商务部可以对利害关系方进行实地核查。实地核查前，应当将核查的主要目的和内容提前通知有关利害关系方。应利害关系方请求或者根据调查需要，经有关国家（地区）同意，商务部可以派出人员赴该国家（地区）对有关产品的生产能力、投资扩产、库存、原产或转口及企业间的关联关系等情况进行调查。

4. 调查内容

在确定进口产品数量增加对国内产业造成的损害时，应当审查下列相关因素：

（1）进口产品的绝对和相对增长率与增长量；

（2）增加的进口产品在国内市场中所占的份额；

（3）进口产品对国内产业的影响，包括对国内产业在产量、销售水平、市场份额、生产率、设备利用率、利润与亏损、就业等方面的影响；

（4）造成国内产业损害的其他因素。

商务部应当根据客观的事实和证据，确定进口产品数量增加与国内产业的损害之间是否存在因果关系。在确定进口产品数量增加对国内产业造成的损害时，不得将进口增加以外的因素对国内产业造成的损害归因于进口增加。对严重损害威胁的确定，应当依据事实，不能仅依据指控、推测或者极小的可能性。

（四）初裁与终裁

商务部根据调查结果作出初裁决定，并由商务部予以公告。初裁决定确定进口产品数量增加和损害成立并且二者之间有因果关系的，商务部应当继续进行调查（涉及农产品会同农业部进行），根据调查结果作出终裁决定，并由商务部予以公告。

商务部也可以根据调查结果不作初裁决定而直接作出终裁决定，并予以公告。

四、临时保障措施和保障措施

（一）临时保障措施

有明确证据表明进口产品数量增加，在不采取临时保障措施将对国内产业造成难以补救的损害的紧急情况下，可以作出初裁决定，并采取临时保障措施。

临时保障措施采取提高关税的形式。采取临时保障措施，由商务部提出建议，国务院关税税则委员会根据商务部的建议作出决定，由商务部予以公告，海关自公告规定实施之日起执行。临时保障措施的实施期限不超过 200 天。

（二）保障措施

终裁决定确定进口产品数量增加，并由此对国内产业造成严重损害或严重损害威胁的，可以采取保障措施。保障措施可以采取提高关税、数量限制等形式。采取提高关税形式的，由商务部予以公告；采取数量限制形式的，由商务部作出决定并予以公告。海关自公告规定实施之日起执行。

采取数量限制措施的，限制后的进口量不得低于最近 3 个有代表性年度的平均进口量，但有正当理由表明为防止或补救严重损害而有必要采取不同水平的数量限制措施的除外。采取数量限制，需要在有关出口国（地区）或者原产国（地区）之间进行数量分配的，商务部可以与有关出口国（地区）或者原产国（地区）就数量的分配进行磋商。

保障措施应当针对正在进口的产品实施，不区分产品来源国（地区）。

采取保障措施应当限于防止、补救严重损害并便利调整国内产业所必要的范围内。在采取保障措施前，商务部应当为与有关产品的出口经营者有实质利益的国家提供磋商的充分机会。

保障措施的实施期限不超过4年。对符合下列条件的，其实施期限可以适当延长：（1）按照规定的程序确定保障措施对于防止或者补救严重损害仍然有必要；（2）有证据表明国内相关产业正在进行调整；（3）已经履行有关对外通知、磋商的义务；（4）延长后的措施不严于延长前的措施。

但是，一项保障措施的实施期限及其延长期限，最长不超过8年，且保障措施实施期限超过1年的，应当在实施期间按规定时间间隔逐步放宽。

（三）复审

保障措施实施期限超过3年的，商务部应当在实施期间内对该项措施进行中期复审。复审的内容包括保障措施对国内产业的影响、国内产业的调整情况等。保障措施属于提高关税的，商务部应当根据复审结果，提出保留、取消或者加快放宽提高关税措施的建议，国务院关税税则委员会根据商务部的建议作出决定，由商务部予以公告；保障措施属于数量限制或者其他形式的，由商务部根据复审结果，作出保留、取消或者加快放宽数量限制措施的决定并予以公告。

（四）再次采取保障措施

对同一进口产品再次采取保障措施的，与前次采取保障措施的时间间隔应当不短于前次采取保障措施的实施期限，并且至少为两年。符合下列条件的，对一产品实施的期限为180天或者少于180天的保障措施：

其一，自对该进口产品实施保障措施之日起，已经超过1年；

其二，自实施该保障措施之日起5年内，未对同一产品实施两次以上保障措施。

【风险提示】

在产业损害调查过程中，利害关系方应当如实反映情况，提供有关资料。如果不如实反映情况、提供有关资料的，或者没有在合理时间内提供必要信息的，或者以其他方式严重妨碍调查的，商务部则根据已经获得的事实和可获得的最佳信息作出裁定。

【相关案例】

案例1　中国对部分钢铁产品进行保障措施调查

2002年4月19日，中国钢铁工业协会及上海宝钢集团公司等公司（以下简称“申请人”）向原对外贸易经济合作部（以下简称“调查机关”）正式提交了《关于对钢铁产品进行保障措施调查的申请》，同时提供了钢铁产品进口情况以及国内产业经济情况的资料。申请人对进口钢铁产品对国内钢铁产业造成严重损害的事实进行了分析和说明，称钢铁产品进口数量急剧增加，钢材价格下跌、企业利润下降、国内产品出口量减少，部分企业陷入了困境，失业人数增加。申请人认定，进口钢铁产品数量的急剧增加已经给国内钢铁产业造成严重损害，如迟延采取措施，其严重损害将难以补救。申请人据此要求原对外贸易经济合作部尽快对部分钢铁进口产品进行保障措施立案调查。

原对外贸易经济合作部对上述申请及申请递交的材料进行了初步审查，认为申请程序符合《保障措施调查立案暂行规则》的规定，提交的材料符合《保障措施调查立案暂行规则》的要求。根据保障措施条例第3条的规定，原对外贸易经济合作部决定对部分进口钢铁产品进行保障措施立案调查。自2002年5月20日起对部分钢铁进口产品开始保障措施调查，以确定是否需要对部分钢铁进口产品采取保障措施。

此次保障措施调查涉及的产品为进口至中华人民共和国的普通中厚板、普薄板、硅电钢、不锈钢板、其他普钢带、普盘条、普通条杆、普通型材、无缝管、焊管和钢坯（以下简称“部分钢铁进口产品”）。调查在调查发起之日起6个月内结束（2002年5月20日至2002年11月20日）。

利害关系方在公告发布之日起20日内报名应诉。原对外贸易经济合作部向所有应诉的国外生产商或出口商、国内进口商发放保障措施调查问卷。在问卷发放之日起21日内将答卷回复原对外贸易经济合作部。利害关系方可以申请召开听证会，但必须在公告发布之日起20日内提出申请，说明其可能受到保障措施调查结果的影响以及要求听证的理由。

根据调查结果，原对外贸易经济合作部认为，有明显的证据表明9种被要求调查产品的进口增长正在给国内产业造成严重损害或严重损害威胁，并且国内产业目前正处于紧急情况，迟延采取临时保障措施将导致难以弥补的损害，因此决定对9种被要求调查产品采取临时保障措施：1. 自2002年5月24日起，对普通中厚板、普薄板等9种进口钢铁产品实施关税配额，关税配额内进口产品仍执行现行进口关税税率，关税配额外进口产品在执行现行进口关税税率的基础上加征7%—26%的特别关税。2. 临时保障措施的实施期限为自2002年5月24日起180天。

之后，在按照法定程序进行全面调查的基础上，根据调查获取的事实和相关证据，调查机关确定，有5类钢铁产品进口数量增加和国内产业严重损害成立并且二者之间存在因果关系，符合实施最终保障措施的法定条件，另有20类钢铁产品或进口数量没有增加，或不存在国内产业严重损害，或虽有进口数量增加和国内产业损害但两者之间没有因果关系，不符合实施最终保障措施的法定条件。于是作出裁定：1. 自2002年11月20日起，对热轧普薄板等5类进口钢铁产品实施最终保障措施。最终保障措施采取“关税配额、先来先办”的方式。2. 最终保障措施的实施期限为3年（包括临时保障措施的实施期限），自2002年5月24日至2005年5月23日。3. 不适用最终保障措施的临时保障措施涉案产品在临时保障措施实施期间加征的关税将予以退还。

2003年12月26日商务部宣布终止对部分钢铁产品实施保障措施：鉴于当前钢铁贸易形势的发展，经国务院关税税则委员会批准，商务部决定，自2003年12月26日起，终止钢铁保障措施的实施，不再对该措施项下的进口钢铁产品加征关税。

案例2　商务部依法对进口食糖采取保障措施

根据保障措施条例的规定，2016年9月22日，商务部（以下简称“调查机关”）发布2016年第46号公告，决定对进口食糖产品（以下简称“被调查产品”）进行保障措施立案调查。调查机关对被调查产品进口数量是否增加、是否对国内产业造成损害及损害程度，以及进口数量增加与损害之间的因果关系进行了调查。

根据调查结果，调查机关裁定，进口食糖数量增加，中国食糖产业受到严重损害，且进口产品数量增加与严重损害之间存在因果关系。根据保障措施条例第20条规定，商务部向国务院关税税则委员会提出实施保障措施的建议，国务院关税税则委员会根据商务部的建议作出决定，自2017年5月22日起，对进口食糖产品实施保障措施。

保障措施采取对关税配额外进口食糖征收保障措施关税的方式，实施期限为3年，自2017年5月22日至2020年5月21日，实施期间措施逐步放宽。2017年5月22日至2018年5月21日，保障措施关税税率为45%；2018年5月22日至2019年5月21日，保障措施关税税率为40%；2019年5月22日至2020年5月21日，保障措施关税税率为35%。

自2017年5月22日起，进口经营者在进口关税配额外食糖产品时，应向中华人民共和国海关缴纳相应的保障措施关税。保障措施关税以海关审定的完税价格从价计征，计算公式为：保障措施关税税额 = 海关完税价格×保障措施关税税率。进口环节增值税以海关审定的完税价格加上关税和保障措施关税作为计税价格从价计征。

对于来自发展中国家（地区）的产品，如其进口份额不超过3%，且这些国家（地区）进口份额总计不超过9%，不适用保障措施。进口商需提供来自不适用保障措施的国家（地区）的产品原产地证明。

【法条指引】

中华人民共和国对外贸易法（节录）

第四十五条 因其他国家或者地区的服务提供者向我国提供的服务增加，对提供同类服务或者与其直接竞争的服务的国内产业造成损害或者产生损害威胁的，国家可以采取必要的救济措施，消除或者减轻这种损害或者损害的威胁。

第四十六条 因第三国限制进口而导致某种产品进入我国市场的数量大量增加，对已建立的国内产业造成损害或者产生损害威胁，或者对建立国内产业造成阻碍的，国家可以采取必要的救济措施，限制该产品进口。

第五十条 国家对规避本法规定的对外贸易救济措施的行为，可以采取必要的反规避措施。

中华人民共和国保障措施条例（节录）

第二条 进口产品数量增加，并对生产同类产品或者直接竞争产品的国内产业造成严重损害或者严重损害威胁（以下除特别指明外，统称损害）的，依照本条例的规定进行调查，采取保障措施。

第三十一条 任何国家（地区）对中华人民共和国的出口产品采取歧视性保障措施的，中华人民共和国可以根据实际情况对该国家（地区）采取相应的措施。

第三十二条 商务部负责与保障措施有关的对外磋商、通知和争端解决事宜。

第九章

对外贸易促进

第一节　出口退税

【规则要点】

出口退税对促进中国产品的出口具有重要的意义。中国的出口退税主要包括增值税和消费税的退（免）。申请出口货物免抵退税应当依法进行。中国目前免抵退税的法律依据层次较低，主要是国务院部委的部门规章。

【理解与适用】

出口退税对促进中国产品的出口具有重要的意义。出口退税是指国家为增强出口商品的竞争能力，将出口货物在国内生产和流通过程中所缴纳的间接税予以免征或退还，从而使商品以不含税价格进入国际市场的一种税收制度。它是各国为鼓励本国对外贸易发展所采取的普遍措施和制度，是国际上通行的惯例，符合 WTO 规则。

一、增值税的退（免）政策

（一）出口货物劳务适用增值税退（免）税政策的范围

1. 对下列出口货物劳务，除另有规定外，实行免征和退还增值税（以下称增值税退（免）税）政策：

（1）出口企业出口货物。出口企业，是指依法办理工商登记、税务登记、对外贸易经营者备案登记，自营或委托出口货物的单位或个体工商户，以及依法办理工商登记、税务登记但未办理对外贸易经营者备案登记，委托出口货物的生产企业。出口货物，是指向海关报关后实际离境并销售给境外单位或个人的货物，分为自营出口货物和委托出口货物两类。

（2）出口企业或其他单位视同出口货物。具体包括出口企业对外援助、对外承包、境外投资的出口货物；出口企业经海关报关进入国家批准的出口加工区、保税物流园区、保税港区、综合保税区、珠澳跨境工业区（珠海园区）、保税物流中心等并销售给特殊区域内单位或境外单位、个人的货物；免税品经营企业销售的货物等。

（3）出口企业对外提供加工修理修配劳务。对外提供加工修理修配劳务，是指对进境复出口货物或从事国际运输的运输工具进行的加工修理修配。

2. 对符合下列条件的出口货物劳务，除另有其他规定外，按下列规定实行免征增值税（以下称“增值税免税”）政策：

（1）出口企业或其他单位出口规定的货物，具体是指：增值税小规模纳税人出口的货物；避孕药品和用具，古旧图书；软件产品；含黄金、铂金成分的货物，钻石及其饰品；国家计划内出口的卷烟；已使用过的设备；非出口企业委托出口的货物；非列名生产企业出口的非视同自产货物；农业生产者自产农产品；油画、花生果仁、黑大豆等财政部和国家税务总局规定的出口免税的货物；外贸企业取得普通发票、废旧物资收购凭证、农产品收购发票、政府非税收入票据的货物；来料加工复出口的货物；特殊区域内的企业出口的特殊区域内的货物；以人民币现金作为结算方式的边境地区出口企业从所在省（自治区）的边境口岸出口到接壤国家的一般贸易和边境小额贸易出口货物；以旅游购物贸易方式报关出口的货物。

（2）出口企业或其他单位视同出口的下列货物劳务：国家批准设立的免税店销售的免税货物（包括进口免税货物和已实现退（免）税的货物）；特殊区域内的企业为境外的单位或个人提供加工修理修配劳务；同一特殊区域、不同特殊区域内的企业之间销售特殊区域内的货物。

3. 出口企业或其他单位未按规定申报或未补齐增值税退（免）税凭证的出口货物劳务。具体是指：未在国家税务总局规定的期限内申报增值税退（免）税的出口货物劳务；未在规定期限内申报开具《代理出口货物证明》的出口货物劳务；已申报增值税退（免）税，却未在国家税务总局规定的期限内向税务机关补齐增值税退（免）税凭证的出口货物劳务。

适用增值税免税政策的出口货物劳务，其进项税额不得抵扣和退税，应当转入成本。对于适用增值税免税政策的出口货物劳务，出口企业或其他单位可以依照现行增值税有关规定放弃免税，并依照有关规定缴纳增值税。

（二）增值税出口退税率

1. 除财政部和国家税务总局根据国务院决定而明确的增值税出口退税率（以下称“退税率”）外，出口货物的退税率为其适用税率。国家税务总局根据上述规定将退税率通过出口货物劳务退税率文库予以发布，供征纳双方执行。退税率有调整的，除另有规定外，其执行时间以货物（包括被加工修理修配的货物）出口货物报关单（出口退税专用）上注明的出口日期为准。

2. 退税率的特殊规定：

（1）外贸企业购进按简易办法征税的出口货物、从小规模纳税人购进的出口货物，其退税率分别为简易办法实际执行的征收率、小规模纳税人征收率。上述出口货物取得增值税专用发票的，退税率按照增值税专用发票上的税率和出口货物退税率孰低的原则确定。

（2）出口企业委托加工修理修配货物，其加工修理修配费用的退税率，为出口货物的退税率。

（3）中标机电产品、出口企业向海关报关进入特殊区域销售给特殊区域内生产企业生产耗用的列名原材料、输入特殊区域的水电气，其退税率为适用税率。如果国家调整列名原材料的退税率，列名原材料应当自调整之日起按调整后的退税率执行。

（4）海洋工程结构物退税率为15%至17%的税率。

3. 适用不同退税率的货物劳务，应分开报关、核算并申报退（免）税，未分开报关、核算或划分不清的，从低适用退税率。

（三）增值税退（免）税的计税依据

出口货物劳务的增值税退（免）税的计税依据，按出口货物劳务的出口发票（外销发票）、其他普通发票或购进出口货物劳务的增值税专用发票、海关进口增值税专用缴款书确定。

1. 生产企业出口货物劳务（进料加工复出口货物除外）增值税退（免）税的计税依据，为出口货物劳务的实际离岸价（FOB）。实际离岸价应以出口发票上的离岸价为准，但如果出口发票不能反映实际离岸价，主管税务机关有权予以核定。

2. 生产企业进料加工复出口货物增值税退（免）税的计税依据，按出口货物的离岸价（FOB）扣除出口货物所含的海关保税进口料件的金额后确定。

3. 生产企业国内购进无进项税额且不计提进项税额的免税原材料加工后出口的货物的计税依据，按出口货物的离岸价（FOB）扣除出口货物所含的国内购进免税原材料的金额后确定。

4. 外贸企业出口货物（委托加工修理修配货物除外）增值税退（免）税的计税依据，为购进出口货物的增值税专用发票注明的金额或海关进口增值税专用缴款书注明的完税价格。

5. 外贸企业出口委托加工修理修配货物增值税退（免）税的计税依据，为加工修理修配费用增值税专用发票注明的金额。外贸企业应将加工修理修配使用的原材料（进料加工海关保税进口料件除外）作价销售给受托加工修理修配的生产企业，受托加工修理修配的生产企业应将原材料成本并入加工修理修配费用开具发票。

6. 出口进项税额未计算抵扣的已使用过的设备增值税退（免）税的计税依据，按下列公式确定：

退（免）税计税依据＝增值税专用发票上的金额或海关进口增值税专用缴款书注明的完税价格×已使用过的设备固定资产净值÷已使用过的设备原值

已使用过的设备固定资产净值＝已使用过的设备原值-已使用过的设备已提累计折旧

7. 免税品经营企业销售的货物增值税退（免）税的计税依据，为购进货物的增值税专用发票注明的金额或海关进口增值税专用缴款书注明的完税价格。

8. 中标机电产品增值税退（免）税的计税依据，生产企业为销售机电产品的普通发票注明的金额，外贸企业为购进货物的增值税专用发票注明的金额或海关进口增值税专用缴款书注明的完税价格。

9. 生产企业向海上石油天然气开采企业销售的自产的海洋工程结构物增值税退（免）税的计税依据，为销售海洋工程结构物的普通发票注明的金额。

10. 输入特殊区域的水电气增值税退（免）税的计税依据，为作为购买方的特殊区域内生产企业购进水（包括蒸汽）、电力、燃气的增值税专用发票注明的金额。

（四）增值税退（免）税具体办法

适用增值税退（免）税政策的出口货物劳务，按照下列规定实行增值税免抵退税或免退税办法。

1. 免抵退税办法

生产企业出口自产货物和视同自产货物及对外提供加工修理修配劳务，以及列名生产企业出口非自产货物，免征增值税，相应的进项税额抵减应纳增值税额（不包括适用增值税即征即退、先征后退政策的应纳增值税额），未抵减完的部分予以退还。

2. 免退税办法

不具有生产能力的出口企业（以下称外贸企业）或其他单位出口货物劳务，免征增值税，相应的进项税额予以退还。

二、消费税退（免）税政策

（一）适用范围

1. 出口企业出口或视同出口适用增值税退（免）税的货物，免征消费税，如果属于购进出口的货物，退还前一环节对其已征的消费税。

2. 出口企业出口或视同出口适用增值税免税政策的货物，免征消费税，但不退还其以前环节已征的消费税，且不允许在内销应税消费品应纳消费税款中抵扣。

3. 出口企业出口或视同出口适用增值税征税政策的货物，应按规定缴纳消费税，不退还其以前环节已征的消费税，且不允许在内销应税消费品应纳消费税款中抵扣。

（二）消费税退税的计税依据

出口货物的消费税应退税额的计税依据，按购进出口货物的消费税专用缴款书和海关进口消费税专用缴款书确定。

属于从价定率计征消费税的，为已征且未在内销应税消费品应纳税额中抵扣的购进出口货物金额；属于从量定额计征消费税的，为已征且未在内销应税消费品应纳税额中抵扣的购进出口货物数量；属于复合计征消费税的，按从价定率和从量定额的计税依据分别确定。

（三）消费税退税的计算

消费税应退税额 = 从价定率计征消费税的退税计税依据 × 比例税率 + 从量定额计征消费税的退税计税依据 × 定额税率

三、出口货物免抵退税程序

（一）申报

1. 生产企业出口货物免抵退税的申报

企业当月出口的货物须在次月的增值税纳税申报期内，向主管税务机关办理增值税纳税申报、免抵退税相关申报及消费税免税申报。

企业应在货物报关出口之日（以出口货物报关单（出口退税专用）上的出口日期为准）次月起至次年 4 月 30 日前的各增值税纳税申报期内收齐有关凭证，向主管税务机关申报办理出口货物增值税免抵退税及消费税退税。逾期的，企业不得申报免抵退税。

2. 外贸企业出口货物免退税的申报

企业当月出口的货物须在次月的增值税纳税申报期内，向主管税务机关办理增值税纳税申报，将适用退（免）税政策的出口货物销售额填报在增值税纳税申报表的“免税货物销售额”栏。

企业应在货物报关出口之日次月起至次年 4 月 30 日前的各增值税纳税申报期内，收齐有关凭证，向主管税务机关办理出口货物增值税、消费税免退税申报。经主管税务机关批准的，企业在增值税纳税申报期以外的其他时间也可办理免退税申报。逾期的，企业不得申报免退税。

3. 出口企业和其他单位出口的视同出口货物及对外提供加工修理修配劳务的退（免）税申报

报关进入特殊区域并销售给特殊区域内单位或境外单位、个人的货物，特殊区域外的生产企业或外贸企业的退（免）税申报分别按有关规定办理。

其他视同出口货物和对外提供加工修理修配劳务，属于报关出口的，为报关出口之日起，属于非报关出口销售的，为出口发票或普通发票开具之日起，出口企业或其他单位应在次月至次年4月30日前的各增值税纳税申报期内申报退（免）税。逾期的，出口企业或其他单位不得申报退（免）税。

4. 出口货物劳务退（免）税其他申报要求

（1）输入特殊区域的水电气，由购买水电气的特殊区域内的生产企业申报退税。企业应在购进货物增值税专用发票的开具之日次月起至次年4月30日前的各增值税纳税申报期内向主管税务机关申报退税。逾期的，企业不得申报退税。

（2）运入保税区的货物，如果属于出口企业销售给境外单位、个人，境外单位、个人将其存放在保税区内的仓储企业，离境时由仓储企业办理报关手续，确定申报退（免）税期限的出口日期以最后一批出境货物备案清单上的出口日期为准。

5. 延期申报

出口企业或其他单位出口货物劳务、发生增值税跨境应税行为，由于以下原因未收齐单证，无法在规定期限内申报的，应在出口退（免）税申报期限截止之日前，向负责管理出口退（免）税的主管税务机关报送《出口退（免）税延期申报申请表》及相关举证资料，提出延期申报申请。主管税务机关自受理企业申请之日起20个工作日内完成核准，并将结果告知出口企业或其他单位。

（1）自然灾害、社会突发事件等不可抗力因素；

（2）出口退（免）税申报凭证被盗、抢，或者因邮寄丢失、误递；

（3）有关司法、行政机关在办理业务或者检查中，扣押出口退（免）税申报凭证；

（4）买卖双方因经济纠纷，未能按时取得出口退（免）税申报凭证；

（5）由于企业办税人员伤亡、突发危重疾病或者擅自离职，未能办理交接手续，导致不能按期提供出口退（免）税申报凭证；

（6）由于企业向海关提出修改出口货物报关单申请，在出口退（免）税申报期限截止之日前海关未完成修改，导致不能按期提供出口货物报关单；

(7) 有关政府部门在出口退(免)税申报期限截止之日前未出具出口退(免)税申报所需凭证资料;

(8) 国家税务总局规定的其他情形。

(二) 受理

各级税务机关收到退(免)税申报后,对所受理的申请资料的完整性、逻辑性进行审查并签署初审意见。对出口企业预审通过的正式退(免)税申报,应予以受理。

(三) 审核

免退税申报常规审核内容:

1. 出口货物报关单上的商品名称与增值税专用发票或海关进口增值税专用缴款书上的名称应当相符;对将同一货物的多种零部件合并报关为同一商品名称的,出口货物报关单、增值税专用发票或海关进口增值税专用缴款书上的商品名称,应与企业书面报告的商品名称逻辑相符。

2. 出口货物报关单上的第一计量单位及数量、第二计量单位及数量、申报计量单位及数量,至少有一个同与其匹配的增值税专用发票或海关进口增值税专用缴款书上的计量单位及数量相符;对将同一货物的多种零部件合并报关为同一商品名称的,按照企业报告的计量单位折算标准折算后,出口货物报关单同与其匹配的增值税专用发票或海关进口增值税专用缴款书的计量单位及数量应当相符。

3. 增值税专用发票或海关进口增值税专用缴款书上的数量小于出口货物报关单上对应数量的,应核对《外贸企业出口退税出口明细申报表》中填报的计量单位及数量与增值税专用发票或海关进口增值税专用缴款书上的计量单位及数量是否相符。

除以上常规审核外,对不同的申报还有相应的重点审核内容。

(四) 审批

税务机关通过审核系统对审核结果(审核通过或者不予办理)进行审批,并在出口退(免)税计划内按照审核系统提供的审批方式对准予办理退税和免抵调库数额进行审批,同时签署审批意见。

审批方式包括全额审批、差额审批、等比审批、不予办理审批、撤销审批、批量审批等。应在确认当期应扣减的退(免)税额已扣减后,再对准予办理退库和免抵调库的税额进行审批。

经审批准予办理退（免）税的，税务机关应将《外贸企业出口退税审批情况反馈表》或《免抵退税申报汇总表》反馈给出口企业。经审批不予办理退（免）税的，应出具书面通知，连同出口退（免）税申报资料一并退还出口企业。

【风险提示】

申请出口退（免）税的，应当注意国务院有关部门政策的调整，并遵循有关时限条件要求，更不得骗取出口退（免）税。刑法规定，以假报出口或者其他欺骗手段，骗取国家出口退税款，数额较大的，处5年以下有期徒刑或者拘役，并处骗取税款1倍以上5倍以下罚金；数额巨大或者有其他严重情节的，处5年以上10年以下有期徒刑，并处骗取税款1倍以上5倍以下罚金；数额特别巨大或者有其他特别严重情节的，处10年以上有期徒刑或者无期徒刑，并处骗取税款1倍以上5倍以下罚金或者没收财产。

【相关案例】

案例1　宋某某徇私舞弊出口退税、滥用职权案

1996年11月，济南市某机械进出口公司商贸分公司负责人韩某某到山东省济南市国家税务局进出口税收管理分局以该商贸分公司的名义办理1995年的退税业务，被告人宋某某明知按照国家、省、市国家税务局有关文件的规定，1996年4月15日后不得再受理企业1995年度的退税申报，而仍指使该局综合科科长刘某某受理该退税业务，同时刘某某将申报退税的时间改为1996年4月15日以前。另外，被告人宋某某还违反国家税务总局有关退税机关应指定专人负责向报关海关及开出增值税发票的税务机关发函进行调查核实的规定，将盖有济南市进出口税收管理分局公章的空白函交给韩某某，让韩某某代发。后由骗税人陈某某伪造了广东省汕头市国家税务局及文锦渡海关的回函，通过邮局寄给了济南市国家税务局进出口税收管理分局，该局根据回函，于1996年12月13日分二次将人民币514.23万元退税款退到济南市某机械进出口公司商贸分公司在中信银行济南分行的账户上。此后，被告人宋某某从1997年6月18日至12月30日

先后六次以同样的方法为济南市某机械进出口公司商贸分公司审批了1995年的退税款：人民币1266.15万元。

1997年3月24日至5月8日，被告人宋某某让济南市进出口公司某分公司经理刘某为韩某某的公司代理退税，采取上述同样手段，分四次为济南市进出口公司某分公司办理退税人民币911.2万元，某分公司根据韩某某的安排，将退税款全部汇往广东省某公司。被告人宋某某的上述行为，给国家造成经济损失为人民币2691.58万元。在此期间，被告人宋某某先后多次收受韩某某等人赠送的礼品及应邀到珠海、北京等地游玩。

济南市市中区人民检察院审理认为，被告人宋某某身为税务工作人员，在办理出口退税业务中，徇私舞弊，严重违反有关行政法规，指使工作人员弄虚作假，违规操作，给国家造成重大经济损失。依照刑法有关规定，判决被告人宋某某犯徇私舞弊出口退税罪，判处有期徒刑13年；犯滥用职权罪，判处有期徒刑6年，数罪并罚决定执行有期徒刑18年。

案例2　沈某某等骗取出口退税案

2003年4月，沈某某出资成立多元资讯公司，从事电脑以及零配件、耗材等零售业务。后因多元资讯公司经营不规范，无法开展正常的业务活动，2006年10月沈某某借用张某某的名义注册成立多元科技公司，实际经营人仍为沈某某。沈某某同时全面负责两公司的经营活动，张某某负责售后服务，仲某某担任多元公司的现金会计，张某担任总会计师。2007年初，沈某某从他人处了解到可以通过虚报出口价格的方式骗取国家出口退税，并详细了解了骗取出口退税的方法和流程。3月，沈某某委托其在业务往来中认识的詹某某注册成立了香港明飞有限公司（以下简称“明飞公司”），作为虚假出口的外方收货单位。2007年4月，沈某某将采购服务器硬盘时附送的硬盘托架，以“服务器用存储单元”的名义，先后委托金茂公司、燕大公司代理出口至其实际控制的明飞公司。为了造成结汇款回笼的假象，沈某某通过扬州招商银行的韩某某、深圳的林某某等人购买美元，由香港等地或者从明飞公司的深圳招商银行离岸账户转到金茂公司和燕大公司用于结汇。由于多元公司用于出口的硬盘托架并非实际购买得来，没有进项增值税发票抵扣，沈某某遂向华瑞公司虚开进项增值税专用发票用于抵扣。货物出口到香港后，沈某某委托他人将出口的货物又运回多元公司用于重复虚假出口。在实施骗取出口退税的过程中，沈某某全面负责出口业务的所有事项，张某某负责货物的包装、发货以及接收原来的出口货物，仲某某负责购买美元和增值税发票的资金收付、带货费用的支付。2007年10月以后，张某某完全知晓公司虚假循环出口是为了骗取出口退税，仍然按照沈某某的指示收发货。仲某某身为财务人员，在明知公司循环重复出口，非法购买外汇，从他人处虚开增值税专用发票是为了骗取出口退税的情况下，仍然按照沈某某的指示从事购买增值税发票和美元的资金支付、运回出口货物费用的支付以及办理出口退税等工作。截止到2008年4月，多元公司以上述虚构出口货物品名、虚报出口货物价格的手段，循环虚假出口，共计虚假出口127单，骗取国家出口退税款合计人民币11103878.43元。其中，沈某某骗取国家出口退税款合计人民币11103878.43元；张某某、仲某某、张华参与骗取2007年11月以后的退税款合计人民币3386123.71元。

江苏省扬州市中级人民法院经审理认为：扬州多元资讯有限公司和扬州多元科技有限公司以虚构出口货物品名的手段骗取国家出口退税款，数额特别巨大，其行为已构成骗取出口退税罪。沈某某作为上述单位直接负责的主管人员，张某某、仲某某、张某作为单位直接责任人员，其行为均已构成骗取出口退税罪。依照刑法规定，判决沈某某犯骗取出口退税罪，判处有期徒刑12年，并处罚金人民币1200万元；张某某犯骗取出口退税罪，判处有期徒刑2年，缓刑2年，并处罚金人民币5万元；仲某某犯骗取出口退税罪，判处有期徒刑2年，缓刑2年，并处罚金人民币5万元；张某犯骗取出口退税罪，判处有期徒刑2年，缓刑2年，并处罚金人民币5万元；侦查机关已追缴的赃款予以罚没，其余赃款继续予以追缴。

【法条指引】

中华人民共和国对外贸易法（节录）

第五十三条 国家通过进出口信贷、出口信用保险、出口退税及其他促进对外贸易的方式，发展对外贸易。

国务院关于改革现行出口退税机制的决定（节录）

二、改革出口退税机制的指导思想和具体内容

…………

（二）改革的具体内容

1. 适当降低出口退税率。本着“适度、稳妥、可行”的原则，区别不同产品调整退税率：对国家鼓励出口产品不降或少降，对一般性出口产品适当降低，对国家限制出口产品和一些资源性产品多降或取消退税。调整退税率的详细产品目录，由财政部会同发展改革委、商务部、税务总局制订，报国务院审批后发布。

2. 加大中央财政对出口退税的支持力度。从 2003 年起，中央进口环节增值税、消费税收入增量首先用于出口退税。

3. 建立中央和地方共同负担出口退税的新机制。从 2004 年起，以 2003 年出口退税实退指标为基数，对超基数部分的应退税额，由中央和地方按 75∶25 的比例共同负担。

4. 推进外贸体制改革，调整出口产品结构。通过完善法律保障机制等，加快推进生产企业自营出口，积极引导外贸出口代理制发展，降低出口成本，进一步提升我国商品的国际竞争力。同时，结合调整出口退税率，促进出口产品结构优化，提高出口整体效益。

5. 累计欠退税由中央财政负担。……

第二节 进出口信贷制度

【规则要点】

进出口信贷是国家运用金融政策和金融手段，支持和鼓励对外贸易发展的一项重要措施。其中，更为重要的是出口信贷。进出口信贷包括人民币信贷、出口信贷、外汇贷款。中国主要进出口信用机构是中国进出口银行。中国进出口银行主要信贷方式包括出口卖方信贷、出口买方信贷和进口信贷等。

【理解与适用】

为了促进出口信贷的发展，各国普遍通过专门的外贸政策性金融机构——国家进出口银行或其他出口信用机构向进出口商提供出口信贷，或对商业银行向进出口商提供优惠利率的出口信贷提供利息率差额补贴（市场利率与优惠利率之间的利息差由国家出口信用机构补给商业银行），以保证资金对大宗货物出口的供应和支持。因此可以说，出口信贷的确切含义应当是政府通过一定形式介入的、给予特别支持的对外贸易中长期贷款。

总而言之，进出口信贷在当代国际贸易中，尤其是对发展中国家已具有越来越重要的政治意义和经济意义。发展中国家应该借鉴发达国家的普遍做法，在 WTO 框架下，加快建立和完善符合国际通行做法的本国外贸政策性金融体系，促进其对外贸易的发展。

一、进出口信贷的主要内容

（一）人民币信贷

所谓人民币信贷业务，是指以从事和经营进出口业务的各类外贸企业为贷款对象的信贷业务。这项信贷业务，对于发展对外贸易，尤其是发展外贸出口，可以发挥极为重要的作用。随着中国外贸体制改革的深化，特别是新修订的对外贸易法颁布实施后，国家依法放开对外贸易经营活动，从事对外贸易的经营者，由原来的以进出口公司为主，转变为进出口公司、工贸公司、生产企业、物资商业企业、科研院所，甚至个人依法办理注册登记手续后，也可以从事对外贸易活动。所以，出口产品的企业已呈现出多元化的格局。按照“谁出口就支持谁”的原则，外贸人民币信贷业务的对象、范围和种类，也随之扩大，形成了“大外贸”的信贷概念。目前，中国对外贸易信贷的投向，主要是外贸企业的人民币流动资金。即使在资金紧张的情况下，国家仍对外贸出口所需资金贷款给予优先安排。这一制度的有效实施，符合中国实际情况，保证了对外贸易的持续、健康、快速发展。

（二）出口信贷

所谓出口信贷，是指国家对本国出口给予利息补贴，并提供担保的一种贷款方式，主要目的是鼓励本国商品的出口，加强本国商品的国际竞争能力。出口信贷，按照贷款的对象划分，可以分为卖方信贷、买方信贷；按照货款期限的长短划分，可以分为短期出口信贷、中期出口信贷和长期出口信贷。

目前，中国开展出口信贷，主要是为了支持中国机电设备、成套设备和船舶等高附加值资本货物的出口，改善中国的出口商品结构，加强中国出口商品在国际市场上的竞争力。此外，中国还开展了对外工程承包的出口信贷业务。具体承担出口信贷业务的金融机构主要是中国进出口银行和中国银行。

（三）外汇贷款

所谓外汇贷款，是指以外币为计算单位的贷款。也就是说，通过从国内、国外组织吸收外汇资金，然后以有偿方式贷给国内企业，解决企业从国外引进先进技术、购买设备和进口原材料的外汇资金需求问题。在对外贸易进口业务方面，外汇信贷业务发挥着重要作用。外汇贷款不仅促进了中国进口贸易的扩大和发展，提高了中国生产技术水平，也进一步促进了外贸出口的发展。

二、中国主要进出口信用机构：中国进出口银行

中国进出口银行成立于 1994 年，是直属国务院领导的、政府全资拥有的国家出口信用机构。其国际信用评级与国家主权评级一致。截至 2018 年年末在国内设有 32 家营利性分支机构和香港特区代表处，在境外设有 4 个代表处。

中国进出口银行是中国对外经贸支持体系的重要力量和金融体系的重要组成部分，经过多年的发展，已成为中国机电产品、高新技术产品出口和对外承包工程及各类境外投资和政策性融资的主渠道，成为外国政府贷款的主要转贷行和中国政府对外优惠贷款的承贷行，为促进中国开放型经济的发展发挥着越来越重要的作用。

（一）出口卖方信贷

出口卖方信贷，是指进出口银行对中国境内（不包括我国港澳台地区）企业出口低技术含量和一般机电产品、成套和高技术含量产品、船舶以及农产品、文化产品等其他经批准的产品和服务所需资金提供的本、外

币贷款。

凡在中国工商行政管理部门登记注册，具有独立法人资格的境内企业或具备借款资格的事业法人，均可向进出口银行申请出口卖方信贷。采用资金集中管理模式的集团企业，确保在进出口银行不重复融资的前提下，并在借款合同中约定贷款用于集团企业子公司出口业务时，可向进出口银行申请出口卖方信贷。

申请出口卖方信贷应满足以下条件：

1. 借款人经营管理、财务和资信状况良好，具备偿还贷款本息的能力；

2. 如借款人可按中国进出口银行现行办法进行信用等级评定，借款人在进出口银行信用等级一般应在 BBB 级（含）以上；以银行、战略客户全额保证或变现能力强的抵押物、质物提供担保的，借款人信用等级可放宽至 BB 级；相关实施方案有特殊规定的，以实施方案为准。

3. 提供进出口银行认可的还款担保（如涉及）；

4. 在进出口银行认为必要时投保出口信用保险；

5. 项目经中国及项目涉及的其他国家有权机关批准（如涉及）；

6. 进出口银行认为必要的其他条件。

（二）出口买方信贷

出口买方信贷，是指进出口银行向境外借款人提供的促进中国产品、技术和服务出口的本、外币贷款。境外借款人主要包括境外金融机构、进口国财政部或进口国政府授权的机构，以及进出口银行认可的进口商或境外业主。

申请出口买方信贷需要具备的条件：

1. 借款人所在国经济、政治状况相对稳定，或项目所在国国别风险可控；

2. 借款人资信状况良好，具备偿还贷款本息能力；

3. 出口产品、技术及服务符合中国及进口国有关规定，其中文化产品应列入中国有关部门颁布的《文化产品和服务出口指导目录》，或属于图书、报刊、电子音像制品、电影和电视剧版权出口和文化企业开展对外劳务合作等；

4. 借款人提供进出口银行认可的还款担保（如涉及）；

5. 在进出口银行认为必要时投保出口信用险；

6. 借款人为国际多边金融机构时，如其成员国中有未与中国建交的国家，申请前应取得进出口银行同意；

7. 借款人为境外金融机构时，其相关资信材料可通过银行家年鉴(Banker Almanac)、全球银行与金融机构分析（Bank Scope)、穆迪(Moody's KMV）及其他专业信息渠道获得；

8. 进出口银行认为必要的其他条件。

（三）进口信贷

进口信贷，是指进出口银行为保障国民经济发展所需的商品、服务和技术进口，向符合要求的境内借款人提供的本、外币贷款。凡在中国依法登记注册，具有独立法人资格的境内（不包括我国港澳台地区）企业及具备贷款资格的事业单位法人，均可向进出口银行申请进口信贷。采用代理方式进口的，在确保不重复贷款的前提下可纳入进口信贷支持范围。

申请进口信贷需要具备的条件：

1. 借款人生产经营符合中国法律法规，信用状况良好，无重大不良记录；借款人为新设项目法人的，其控股股东或实际控制人有良好的信用状况，无重大不良记录。

2. 借款人经营管理、财务和资信状况良好（项目公司作为借款人的，项目公司发起人须具备上述条件），具备偿还贷款本息能力。

3. 项目经中国及项目涉及的其他国家有权机关批准（如涉及）。

4. 国别风险较高的租赁项目须按照进出口银行要求投保相应保险。

5. 提供进出口银行认可的还款担保（如涉及）。

6. 进出口银行认为必要的其他条件。

【相关案例】

中国进出口银行诉深圳市曙光信息技术有限公司等其他担保合同案

埃及达特姆公司是深圳市曙光信息技术有限公司（简称“曙光公司”）在埃及成立的合资公司，其在埃及承包埃及投资总局 IIIS 项目。根据项目主合同的规定，曙光公司向进出口银行申请开立以投资局为受益人、金额为 497500 埃镑的不可撤销、不可转让的履约保函和金额为 398 万埃镑的不可撤销、不可转让的预付款保函。

2002年5月29日，进出口银行根据曙光公司的申请，向埃及国民银行开立了履约保函。进出口银行在其给埃及国民银行的预付款保函中承诺：请埃及国民银行为IIIS项目开立以埃及投资局为受益人的银行预付款保函。埃及国民银行向受益人埃及投资局承诺在埃及投资局首次要求之时，埃及国民银行无息地向受益人埃及投资局支付不超过担保金额的任何金额，即使委托人有所争议。该担保将随每一期项目时间的到期，根据每份接收证明的签发，或该期的每次发运的发票价值，或受益人埃及投资局发给埃及国民银行城堡分行的书面同意而自动地、成比例地缩减。进出口银行亦在该反担保函中承诺："即使我行、委托人或不论任何其他方有任何争论，尽管合同各方之间有可能发生法律上的争议，我行将在收到你行（埃及国民银行）以授权SWIFT或密押电传连同受益人给你行（埃及国民银行）的要求的复印件一起发出的第一次书面要求，说明你行（埃及国民银行）已经得到通知，要你行（埃及国民银行）对上述银行担保函项下的款项进行支付时，毫无任何争论地、无条件地、不可撤销地立即向你行（埃及国民银行）支付不超过担保金额的款项。在偿付时，款项将按开罗埃及国民银行在支付当日所报的汇率以美元向你行（埃及国民银行）支付。"进出口银行在履约保函中，除递减条款外亦作出同样承诺。后曙光公司以《关于埃及集成投资信息系统（IIIS）预付款反担保函延期的申请》，为上述预付款保函两次向进出口银行申请展期。

2004年5月18日，埃及国民银行城堡分行向进出口银行北京分行发出请求付款的索偿电文，请求支付398万埃镑和497500埃镑，并附埃方受益人投资局给埃及国民银行布尔格支行两份索赔附文。其间，曙光公司于2004年5月26日向进出口银行深圳分行发函，称其已完成IIIS项目70%的工作量，并已得到埃及投资局的确认，故其申请进出口银行为其减额至894000埃镑。虽进出口银行要求埃及国民银行对预付款保函予以减额，但埃及国民银行在对30万埃镑予以减额后，坚持要求进出口银行全额付款。经国家外汇管理部门核准，进出口银行分两次对外进行了赔付。扣除曙光公司已划付款项，进出口银行为曙光公司垫付保函项下的款项为691376.86美元。此后，进出口银行多次向曙光公司发函敦促其尽快还款，但曙光公司均未还款。

北京市第二中级人民法院经审理认为：委托合同及保证合同的订立系双方真实意思表示，符合法律规定，应为有效。曙光公司在与进出口银行建立的委托合同关系中，虽然未事先对URDG458规则的适用作出选择，但双方在庭审期间对适用URDG458不持异议，故进出口银行在开立保函和保函对外赔付的过程中应当适用URDG458进行操作。因此，曙光公司以进出口银行未按保函要求予以自动扣减并全额对外赔付，其后果应由进出口银行自行承担的辩称理由，法院不予支持。

一审判决后，曙光公司不服，提起上诉，请求撤销一审法院判决，驳回进出口银行的诉讼请求。北京市高级人民法院经审理后驳回上诉，维持原判。

【法条指引】

中华人民共和国对外贸易法（节录）

第五十二条　国家根据对外贸易发展的需要，建立和完善为对外贸易服务的金融机构，设立对外贸易发展基金、风险基金。

第五十三条　国家通过进出口信贷、出口信用保险、出口退税及其他促进对外贸易的方式，发展对外贸易。

第三节　出口信用保险制度

【规则要点】

各国相继建立政府支持的出口信用保险机构，办理出口信用保险业务，以促进出口。中国也实行了出口信用保险，先后由中国人民保险公司、中保财险有限公司和中国进出口银行办理出口信用保险业务。中国出口信用保险公司主要开展了短期出口信用保险、中长期出口信用保险、保证保险等出口信用保险。

【理解与适用】

出口信用保险，是指承保出口企业在经营出口业务过程中由于境外的商业风险或政治风险而遭受损失的一种特殊保险。通常可以理解为出口收汇风险保障。它承担的责任，主要是出口企业在发货后收不到货款的责任，有时也表现为出口企业由于买方毁约使货物不能出口而造成的损失。它所保障的风险，是包括出口货物运输保险在内的其他常规保险所不承保的风险。各国相继建立政府支持的出口信用保险机构，办理出口信用保险业务，承担企业面临的出口信用风险，以促进出口。

为了减少出口的收汇风险，扩大中国企业的出口，中国也实行了出口信用保险，先后由中国人民保险公司、中保财险有限公司和中国进出口银行办理出口信用保险业务。尤其是 2001 年 12 月 28 日中国出口信用保险公司的组建，标志着中国出口信用保险体系初具规模，也标志着中国的出口信用保险事业进入了一个专业化经营、规范化管理以及多元化发展的新时期。经过多年的发展，中国的出口信用保险事业已经取得了空前的发展规模，中国出口信用保险在全球所有官方出口信用机构（ECA）中的业务排名列第一，在对外贸易中发挥的作用越来越重要。

一、短期出口信用保险

短期出口信用保险（简称“短期险”）。短期险承保放账期在 180 天以内的收汇风险，主要用于以付款交单（D/P）、承兑交单（D/A）、赊账（O/A）等商业信用为付款条件的出口。根据实际情况，短期险还可扩展承保放账期在 180 天以上、360 天以内的出口，以及银行或其他金融机构开具的信用证项下的出口。

短期出口信用保险的申办要求：短期险是以“买方信用限额”为责任上限，由经办机构承担企业收汇风险责任。“买方信用限额”是经办机构根据付款方式对进口方资信调查，对出口企业向某一进口方就某一付款方式将承担的最高保险责任余额。经批准后的“买方信用限额”可循环使用，即：如不发生保险赔偿责任，出口企业可以在收到买方付款后，继续按原定付款方式和约定限额向该进口方出口发货。为此，企业如需办理短期信用保险，应在对外签订出口合同前，向经办机构投保短期险，并将进口方和开证行的英文名称、地址、负责人、联系电话及传真，以及已获知的进口方资信情况提供给经办机构，并办理“买方信用限额”申请手续。待“买方信用限额”批准后，企业可在该限额内组织发货。

二、中长期出口信用保险

中长期出口信用保险（简称“中长期险”），可分为买方信贷保险、卖方信用保险和海外投资保险三大类。

中长期险承保放账期在 1 年以上、一般不超过 10 年的收汇风险，主要用于大型机电产品和成套设备的出口，以及海外投资，如以 BOT、BOO 或合资等形式在境外兴办企业等。

由于中长期险的保险金额较大，还款期限较长，风险程度相对短期险要大得多。因此，企业在安排中长期出口项目时，要特别注意按规定预先落实保险事宜。出口企业投保中长期险须按下列程序逐一落实：

第一，企业在对外投标或草签中长期出口合同前，至少提前一个月，向经办机构递交《投保申请书》，同时提供下列材料：（1）项目名称、项目规模、合同金额、项目所在地等；（2）拟定信贷方式、信贷条件等（进口方一般需要支付 15% 的预付款）；（3）进口方名称、地址和资信材料；（4）借款人或转贷行（在中国提供买方信贷时）名称、地址和资信情况；（5）还款担保人的名称、地址和资信情况；（6）出口项目可行性分析报告（包括技术、专利、换汇成本预测、经济效益等）；（7）进出口双方拟草签的商务合同，或出口企业拟投标书中商务部分；（8）出口企业的营业执照及要求的其他文件。

第二，经办机构在收到上述《投保申请书》及所附文件后，即对投保项目进行初步审评，如符合国家政策性出口信用保险支持条件，将在 4 周内出具《承保意向书》。企业可凭此意向书向银行申请信贷。

第三，在进出口双方就商务合同条件、贷款银行与借款人就有关出口信贷协议条款达成一致后，经办机构将对整个项目和全部合同文件进行审定，核定保险费率，并按国家有关规定履行报批手续后出具保险单或签订保险协议。

三、保证保险

保证保险分为直接保证保险和间接保证保险。直接保证保险包括开立预付款保函、出具履约保证保险等；间接保证保险包括承保进口方不合理没收出口方银行保函。

【相关案例】

浙江省宁波高天服饰有限公司与中国出口信用保险公司宁波分公司保险合同纠纷案

2011 年 9 月到 10 月间，美国 East 8th Group 公司先后向原告浙江省宁波高天服饰有限公司发出了一大批货物订单要约，由于对对方的资信情况不了解，原告不敢轻易接受。2008 年，原告已经在被告中国出口信用保险公司宁波分公司处投过保，这次系新客户，所以原告在接受订单前也先向被告单位咨询，被告称其可以对这一系列出口订单承保，但被告会在保险合同签订前对原告投保的买家进行资信调查，如买家资信良好，即可以对原告该买家的订单承保，并要求原告提供了 East 8th Group 公司相关的所有资料。后被告通知原告，经其调查：East 8th Group 公司在美国是个信用非常好的买家，其可以对 East 8th Group 公司的订单承保。根据被告单位对 East 8th Group 公司的资信调查报告，原告接受了 East 8th Group 公司的 9 份棉质女士短裤订单要约，并开始为订单购买面料，做生产准备。2012 年 1 月 19 日，原告和被告双方正式签订出口信用保险合同，约定由原告向被告投保一份主要买方为 East 8th Group 和 Jinher-cloths Enterprise Co.，LTD、投保金额为 100 万美元的短期出口信用保险，资信调查费人民币 800 元，合同有效期自 2012 年 1 月 18 日至 2013 年 1 月 18 日。2012 年 1 月 21 日，原告通过银行转账的方式向被告缴纳了保费人民币 75610 元及资信调查费人民币 1600 元。2012 年 1 月 29 日、2012 年 2 月 22 日原告依约分别向 East 8th Group 公司出口了价值 131005.2 美元、8496 美元的货物。2012 年 3 月底，被告突然通知原告称 East 8th Group 公司资信存在一定问题，并单方面退回了保费。但是，原告已经根据被告的调查报告与 East 8th Group 公司签订了书面的买卖合同，前两批货物已经送达，且此时 East 8th Group 公司最后一批订单也已经生产完毕，快到交货期。如果此时原告不交付最后一批货物，原告不但要面临违约遭受索赔的风险，而且前两批货物的尾款也收不回，所以原告只能继续履行买卖合同，于 2012 年 5 月 19 日交付了最后一批价值 6230 美元的货物。时至今日，East 8th Group 公司该三批货物货款共计 145731.2 美元，一直拖欠不肯支付。对于以上情况，原告第一时间通知了被告，却被告知双方保险关系已经解除，被告拒绝赔付原告任何损失。原告认为，原告和被告之间保险合同成立并生效，按照保单约定，被告理应对原告的损失进行赔付。故原告起诉至法院，请求法院依法判令被告赔付原告货款损失 145731.2 美元，折合人民币约 918107 元。

被告中国出口信用保险公司宁波分公司答辩称：1. 根据保险条款的约定，被保险人事先取得特定买家的信用限额是被告承担保险责任开始的必要条件，本案原告没有取得 East 8th Group 公司的信用限额，所以被告的保险责任没有开始；2. 原告起诉状中称其根据被告对 East 8th Group 公司的资信调查报告才与 East 8th Group 公司签订了采购订单不属实；3. 原告诉称的货款损失缺乏依据，据被告了解，原告已经核销退税，所谓的货款损失不存在；4. 即使保险责任已经开始，原告没有按照保险条款约定的期间向被告申报出口，在损失发生后也没有向被告提交相关的材料，被告有理由拒赔。

浙江省宁波市海曙区人民法院经审理认为，原告要求被告赔偿未收回的货款损失，根据保险条款的约定，如果原告未在出运前获得特定买方的信用限额，被告对相应的出口不承担赔偿责任。因此，原告应当举证证明其已就特定买家向被告申请信用限额，且批复不为零。由于原告未能提供证据证明其向美国 East 8th Group 公司出口前已申请获得该公司的信用限额，故被告对原告的相应出口不承担赔偿责任。综上所述，一审法院判决驳回原告宁波高天服饰有限公司的诉讼请求。

【法条指引】

中华人民共和国对外贸易法（节录）

第五十三条 国家通过进出口信贷、出口信用保险、出口退税及其他促进对外贸易的方式，发展对外贸易。